लोक संस्कृति और इतिहास

लोक संस्कृति और इतिहास

बद्री नारायण

लोकभारती प्रकाशन
पहली मंजिल, दरबारी बिल्डिंग, महात्मा गांधी मार्ग, इलाहाबाद-1

लोकभारती प्रकाशन
पहली मंजिल, दरबारी बिल्डिंग, महात्मा गांधी मार्ग,
प्रयागराज–211 001
शाखाएँ : 1–बी, नेताजी सुभाष मार्ग, दरियागंज,
नई दिल्ली–110 002
अशोक राजपथ, साइंस कॉलेज के सामने,
पटना–800 006
36 ए, शेक्सपियर सरणी, कोलकाता–700 017

वेबसाइट : www.lokbhartiprakashan.com
ई–मेल : info@lokbhartiprakashan.com

पहला संस्करण : 2009
चौथा संस्करण : 2022

मूल्य : ₹395

बी.के. ऑफसेट
नवीन शाहदरा, दिल्ली–110 032
द्वारा मुद्रित

LOK SANSKRITI AUR ITIHAS
by Badri Narayan

ISBN : 978-81-8031-574-9

लोक संस्कृति की निर्मात्री शक्तियों को समर्पित

अत्तानं किन्न गवेसेय्याथ!
(अपने को क्यों नहीं ढूँढ़ते हो!)
(विनय, महावग्ग, पृ० 25)

आभार

यह मेरी पुस्तक लोक संस्कृति और इतिहास का दूसरा संस्करण है। यह पुस्तक मूलतः मेरे एम.ए., इलाहाबाद विश्वविद्यालय के इतिहास विभाग से अध्ययन के दौरान लिखे गये लेखों के संकलन से बना है। पाठकों ने इसे सराहा इसके लिये मैं उनका आभारी हूँ। इसके दूसरे संस्करण में हमने चिड़ियों के अपने इतिहासकार कहाँ हैं, हिन्दी क्षेत्र में दलित चेतना का विकास, कुंजड़ा, कसाई, जुलाहा, नाई : 1857 के संग्राम में दलितों की भूमिका तीन नये लेख शामिल किये हैं, जो हमारे समकालीन शोध की चिन्ताओं एवं क्राफ्ट को दर्शाते हैं। यह पुस्तक इतिहास, सामाजिक विज्ञान, लोक संस्कृति के अध्येताओं सहित साहित्य के छात्रों के लिए उपयोगी तो होगा ही साथ ही साथ आम पाठकों की रुचि भी बनी रहेगी, ऐसी मेरी आशा है। मैं लोकभारती प्रकाशन के प्रबन्ध निदेशक श्री आमोद महेश्वरी जी का अभारी हूँ जिन्होंने इसके दूसरे संस्करण को लाने में रुचि दिखाई। मैं अपने सहकर्मियों श्री बृजेन्द्र गौतम, अर्चना सिंह, निवेदिता सिंह तथा रितु सुरेका का भी आभारी हूँ जो नये शोधों को सामने लाने के हमारे मिशन के अभिन्न अंग हैं। संस्थान के निदेशक प्रोफेसर प्रदीप भार्गव जो सदैव मुझे हिन्दी में समाज विज्ञान लिखने के प्रति उत्साहित करते रहे हैं, के प्रति भी आभार व्यक्त करता हूँ। उनके कारण एक ऐसा माहौल संस्थान में बन पाया है जिससे हमारे जैसे लोगों के लिए लिखना-पढ़ना संभव हो सका है। श्री एस.एस. नेगी जिन्होंने स्क्रिप्ट तैयार करने में हर सम्भव मदद की एवं श्री अनवर अली के सदैव सहयोग के लिये तत्पर रहने के कारण ही मैं ऐसा कर पाया, के प्रति भी आभार प्रकट करता हूँ।

सधन्यवाद

—बद्री नारायण

दिनांक : 21.12.2009

गोविन्द बल्लभ पन्त सामाजिक विज्ञान संस्थान

झूँसी, इलाहाबाद

प्रस्तावना

यह पुस्तिका विगत तीन-चार वर्षों में इतिहास सम्बन्धी हमारी चिन्ताओं का प्रतिफलन है। इसमें संकलित लेख जिन्हें अकादमिक भाषा में 'शोध-पत्र' कहा जाता है—यू० जी० सी०, आई० सी० एच० आर० तथा समाज विज्ञान संस्थानों द्वारा आयोजित विभिन्न सेमिनारों में प्रस्तुत किये गये हैं। हम इन सेमिनारों के सहभागी इतिहास एवं समाज विज्ञान के उन समस्त विद्वानों के आभारी हैं जिन्होंने परिचर्चा के दौरान इस पर अपने बहुमूल्य सुझाव दिये।

हम लोक संस्कृति की उन निर्मात्री शक्तियों के प्रति आभार व्यक्त करते हैं, जो न केवल हमारे लिए अकादमिक अभ्यास के विषय हैं और न ही मात्र स्रोत सामग्री। वे शक्तियाँ और हम पदार्थ और अणु के रूप में जुड़े हैं, जिनका मैं स्वयं एक हिस्सा हूँ। लोक संस्कृति को समझना कहीं 'आदमी को' और इसी प्रक्रिया के क्रम में 'स्वयं को' समझना है। अतः इस पर अध्ययन करते हुए हममें कोई उपकार का बोध नहीं होना चाहिए, न ही यह दृष्टिकोण होना चाहिए कि हम इन्हें चर्चा में ला रहे हैं जैसा कि आज के कई लोक-संस्कृतिविदों में है।

भारत में इतिहास लेखन की यह सीमा रही है कि उसने जन इतिहास के निर्माण में जनता द्वारा निर्मित, जनता में निहित लोक संस्कृति के विभिन्न आयामों का उपयोग नहीं किया। हमारी समझ से इसके लिए मुख्य रूप से दो कारण जिम्मेवार रहे हैं—एक तो, इतिहासकारों का लोक संस्कृति से कटाव,दूसरा बौद्धिक-ज्ञान और जन-ज्ञान के बीच निरन्तर चौड़ी और गहरी होती खाई। हमने इस पुस्तिका के प्रथम लेख में इस समस्या पर विचार करने का यत्न किया है। बौद्धिकों की चेतना एवं व्यक्तित्व की नागर निर्मिति उन्हें अपने ही लोक में 'आउट-साइडर' बना देती है। लोक

संस्कृति पर समाज वैज्ञानिक अध्ययन की यह सीमा भी रही है। पुनः लगातार हमारी अपनी भाषा एवं संस्कृति से कटते जाना भी कई कठिनाइयाँ पैदा कर रहा है।

दूसरे लेख में हमने पूर्वी लोक चेतना में राष्ट्रवाद के प्रतिदर्श का अध्ययन किया है और अखिल भारतीय राष्ट्रवाद से इसके सम्बन्धों के स्वरूप एवं द्वन्द्व को भी समझने का प्रयास किया है।

तीसरे लेख में दन्त कथाओं को इतिहास की संघटनाओं से जोड़कर देखने का प्रयत्न किया गया है।

बाद के अन्य लेख लोक कवित्तों, मुहावरों, गीतों, लोकायनों तथा लोक-संस्कृति के विविध रूपों के माध्यम से लोक चेतना में प्रवेश करने का प्रयास है। अब तक हम नेतृत्व का जनता के प्रति क्या दृष्टिकोण रहा है, इस परिकल्पना से इतिहास रचते रहे हैं, किन्तु जनता का नेतृत्व के प्रति क्या दृष्टिकोण रहा है, इसे हमने समझने का प्रयास न के बराबर किया है। इस संकलन में एक लेख 'किसान-प्रतिरोध, किसान चेतना और मिथक : स्वामी सहजानन्द का विशेष सन्दर्भ' इसी दृष्टिकोण पर आधारित है।

हमारे अध्ययन की कई सीमाएँ हैं। चूँकि अब तक भारतीय इतिहास लेखन के पास लोक संस्कृति के अध्ययन के लिए कोई विकसित, सुव्यवस्थित सैद्धान्तिक ढ़ाँचा नहीं है, अतः इसमें एक सिद्धान्त की तलाश न करके सिद्धांत विकसित करने के हमारे प्रयासों को उसकी सीमाओं के साथ देखा जाए। भारत में लोक संस्कृति के अध्ययन में पश्चिमी प्राविधि की असफलता एवं इस असफलता से जनित देशज प्राविधि के विकास की आवश्यकता पर भी हमने विचार करने का प्रयत्न किया है।

हम प्रो० ज्ञानेन्द्र पांडेय के आभारी हैं जिनसे 'इतिहास की संघटनाओं' पर लम्बी वार्ताएँ हुईं और उन्होंने कई महत्त्वपूर्ण प्रश्न खड़े किये।

प्रसिद्ध समाज वैज्ञानिक प्रो० एस० पी० नागेन्द्र जी के प्रति हम विशेष रूप से आभारी हैं जिन्होंने लोक संस्कृति और लोक-समाज को समझने की अन्तर्दृष्टि विकसित करने में हमें अत्यन्त रचनात्मक रूप से मदद की। इस तरह के कार्यों के लिए प्रो० राधेश्यामजी ने सदैव मुझे प्रेरित किया। हमारे विभाग के शिक्षकों प्रो० सी० पी० झा, प्रो० रेखा जोशी, प्रो० लाल बहादुर वर्मा, प्रो० चन्द्रा पन्त, प्रो० एन० आर० फारूकी, डॉ० वी सी० पांडेय, डॉ० रीता जोशी, डॉ० सुशील श्रीवास्तव,

रंजना कक्कड़, डॉ० हेरम्ब चतुर्वेदी, ललित जोशी ने मुझे अत्यन्त स्नेहिल वातावरण प्रदान किया।

हम इस अवसर पर इतिहास लेखन के इलाहाबाद स्कूल की उस महान परम्परा का नमन करना चाहेंगे, जिसके आधार सर सफात अहमद, डॉ० तारा चन्द, डॉ० आर० पी० त्रिपाठी, डॉ० बेनी प्रसाद, डॉ० बनारसी प्रसाद, डॉ० ईश्वरी प्रसाद, डॉ० जी० आर० शर्मा, प्रो० जी० सी० पाण्डे, डॉ० सी० बी० त्रिपाठी रहे हैं तथा जिनके शोधकार्यों ने हम सबको इतिहास चेतना प्रदान की है।

लोकभारती प्रकाशन, जिन्होंने इसे प्रकाशित करने में रुचि दिखाई हम उनके प्रति भी आभारी हैं।

अपनी अनेक सीमाओं के साथ यह अध्ययन अत्यन्त विनम्रतापूर्वक आपके समक्ष प्रस्तुत है। आपकी आलोचनात्मक सम्मतियाँ हमें समृद्ध करेंगी क्योंकि हमारा मानना है कि लोक संस्कृति से इतिहास-रचना का काम व्यष्टि का नहीं बल्कि समष्टि का है। हमारी 'सामूहिकता' ही इसके अध्ययन का ढाँचा विकसित कर पायेगी। इसी 'सामूहिकता' के संदर्भ में मैंने सम्पूर्ण निवेदन 'हम' की शैली में किया है। 'मैं' की असफलता से तो हम सब परिचित ही हैं।

बी-8 एकेडमिक स्टॉफ कालोनी

जी.पी. पन्त सोशल साइंस

इन्सटीटयूट, झूँसी, इलाहाबाद

—बद्री नारायण

अनुक्रम

इतिहास लेखन में लोक संस्कृति

इतिहास लेखन में लोक संस्कृति और लोक संस्कृति में इतिहास लेखन का प्रवेश क्यों और कैसे हुआ, यह एक ऐतिहासिक सर्वेक्षण का प्रश्न है। वस्तुतः अठारहवीं शताब्दी के अन्त और उन्नीसवीं सदी के आरम्भ में जब व्यापारी, मशीनी एवं पूँजीवादी सभ्यता में 'आदमी', 'जन' का लोप होने लगा तो यूरोप के बौद्धिकों में 'जन' को खोजने का रुझान बढ़ा। इस 'लोप हो रहे जन' की खोज के लिए उन्होंने सर्वप्रथम उसकी पारम्परिक लोकप्रिय संस्कृति को खोजने का अभियान चलाया जो इस सभ्यता में लुप्त हो रही थी।

यूरोप के इस बौद्धिक वर्ग के पास इस समय तक 'लोक की अवधारणा' नहीं थी। उसने धीरे-धीरे लोक की सुगठित अवधारणा का विकास किया। लोकप्रिय संस्कृति के अवधारणा की गठन की प्रक्रिया शोधपूर्ण किन्तु उत्सुकता से भरी हुई है। 1774 ई० में जे० जी० हर्डर ने 'फॉकस्लाइड' (Volkslied) अर्थात फॉकसांग (लोक गीत) का प्रचलन किया।[1] अठारहवीं शताब्दी के अन्त में लोक कथाओं के ही अर्थ में यह उससे थोड़ा भिन्न 'फॉक साज' (Volkssage) शब्द का जन्म हुआ। उन्नीसवीं सदी के प्रारम्भ में जोसेफ गोरेस नामक पत्रकार ने फॉक बक (Volksbuch) नामक शब्द इसके लिए प्रचलित किया।[2] 1846 ई० में अंग्रेजी में फॉक लोर शब्द का प्रचलन हुआ। 1850 ई० में 'फॉक्सकॉसपील' (Volkschauspiel) शब्द इसके लिए प्रयुक्त होने लगा। विभिन्न यूरोपीय देशों में इसी तरह की शब्दावलियाँ प्रयुक्त होने लगीं। स्वीडिश में फॉक वाइज़र, इटालियन में कैन्टी पोपलरी (Cantipoplari) रूसी भाषाओं में

1. पीटर बर्क, पॉपुलर कल्चर इन यरली मेडिवल यूरोप, पृष्ठ 9।
2. पीटर बर्क, पॉपुलर कल्चर इन यरली मेडिवल यूरोप, पृष्ठ 9।

नरोदनीपेसनी (Narodnypesni), हंगरी में नेपदालोक (Nepdalok) का व्यवहार होने लगा। वस्तुतः जे० जी० हर्डर ने ही लोकप्रिय संस्कृति-कल्चर-देस-फॉक्स (Kultur-Des-Volkes) का प्रयोग शिक्षित संस्कृति (Learned culture) के विरोधी भाषा में किया।[1] इस बौद्धिक वर्ग ने 'जनता की लोकप्रिय संस्कृति के संकलन का महत्वपूर्ण कार्य किया। यूरोप में लोकप्रिय संस्कृति के प्रमुख सिद्धान्तकार जे० जी० हर्डर ने यह सिद्धान्त स्थापित किया कि पुनर्जागरण के बाद के विश्व में पुरानी कविता का नैतिक प्रभाव लोकगीत में ही सुरक्षित है। इसके दूसरे बड़े सिद्धान्तकार ग्रीम ने 'लोकप्रिय संस्कृति' की सामुदायिकता के सिद्धान्त को स्थापित किया। इन दोनों के प्रभाव में यूरोप में राष्ट्रीय लोक गीतों के संकलन पर संकलन निकलने लगे।

'कृषा दानिलोव (Krisha Danilov) के सम्पादन में रूसी बाइलिनी और ब्लाइस 1804 ई० में प्रकाशित हुआ। आर्निम ब्रेटानो के प्रयासों से जर्मनी के लोक गीतों का संकलन किया गया। और 1804-1806 ई० के आस-पास यह डेसकेनाबेनवुन्डर बॉर्न (Deskenabenwuder Born) के नाम से प्रकाशित हुआ।[2]

भारत में इसका संकलन दो प्रवृत्तियों के कारण हुआ। भारत में कार्यरत औपनिवेशिक अधिकारियों ने शासित को जानने-समझने के उद्देश्य से इसका संकलन किया।[3] बीसवीं शताब्दी में कुछ राष्ट्रवादी कवियों ने अपनी संस्कृति को गौरव मण्डित करने के लिए लोक संस्कृति से सहारा लेने हेतु इसका संकलन किया।[4] बाद में चलकर लोकसंस्कृतिविद् पं० कृष्णदेव उपाध्याय ने लोक संस्कृति के संकलन एवं लोक परम्परा के अध्ययन का प्रयास किया।[5]

---

1. पीटर बर्क, पॉपुलर कल्चर इन यरली मेडिवल यूरोप, पृष्ठ 9।
2. पीटर बर्क, पॉपुलर कल्चर इन यरली मेडिवल यूरोप, पृष्ठ 9।
3. श्री जी० ए० ग्रियर्सन का इन्डियन ऐंटिक्वेरी, इन्हीं प्रवृत्तियों के प्रमाण हैं।
4. पं० राम नरेश त्रिपाठी का 'भोजपुरी लोक गीत' तथा ग्राम साहित्य—'जनपद पत्रिका', अक्टूबर, 1992, इसी प्रवृत्ति की सूचक है।
5. कृष्णदेव उपाध्याय का लोक संस्कृति पर किया गया कार्य (क) लोक साहित्य की भूमिका—साहित्य भवन 1957। (ख) भोजपुरी लोक संस्कृति-हिन्दी साहित्य सम्मेलन प्रयाग, भोजपुरी लोक संगीत-लोक संस्कृति शोध संस्थान, वाराणसी।

किन्तु लोक संस्कृति के ये देशी एवं विदेशी दोनों प्रकार के विद्वानों एवं कार्यकर्ताओं ने मात्र लोकप्रिय संस्कृति के संकलन का कार्य किया। विश्लेषण का कार्य नहीं किया। लोक संस्कृति के इन विभिन्न विधाओं के भीतर क्या है? शब्द के बाद की दुनिया अदृश्य रह गयी। इस प्रकार लोक संस्कृति के प्रति इनकी रुचि रोमानी एवं बौद्धिकों की भावमयी राष्ट्रवादी अभिरुचि बनकर रह गयी। इनसे किसी बड़े ऐतिहासिक सत्य तक पहुँचने का इन्होंने प्रयास नहीं किया। लोक संस्कृति के विदेशी विद्वानों के बीच इनकी उपयोगी व्याख्या कर अपने नये क्रिश्चियन मूल्यों को आदिम मूल्यों से जोड़ने का प्रयास भी हुआ, किन्तु भारतीय विद्वानों के मध्य तो यह भी नहीं हुआ।

किन्तु लोक संस्कृति के कार्यकर्ताओं ने एक महत्वपूर्ण कार्य किया। इन्होंने इतिहासकारों और समाज वैज्ञानिकों के अध्ययन के लिए सामग्रियाँ उपलब्ध कर दीं। जबकि यह सार संकलन लोक संस्कृति के विशाल समुद्र का मात्र एक बूँद भर था किन्तु फिर भी इससे इतिहासकारों का ध्यान उस ओर जा सका।

लोक संस्कृतिवादियों की तरह यूरोप के इतिहासकारों ने भी व्यावसायिक एवं औद्योगिक विकास में क्षय होते जा रहे 'आदमी' व 'जन', उसकी लोकप्रिय संस्कृति तथा परम्परा की खोज आरम्भ की। स्वीडीश इतिहासकार एरिक गुस्ताव गीजर (Erik Gustav Giezer) ने लोकप्रिय कविताओं को लेकर इतिहास लेखन प्रारम्भ किया।[1]

उसने लोकप्रिय संस्कृति को जन इतिहास रचने में महत्वपूर्ण बताया क्योंकि इसे पूरा जन एक आदमी के रुप में गाता है। 'सरकार का इतिहास' रचने की प्रवृत्ति से पृथक होकर 'एरिक गीजर' ने 'जन इतिहास' रचने की दिशा में प्रवृत्त होते हुए 'दि हिस्ट्री ऑफ दि स्वीडिश पीपुल' की रचना की। जबकि इसने अपनी पुस्तक का ज्यादा स्थान राजा की नीतियों का मूल्यांकन करने में गँवाया किन्तु इसने इसमें एक अलग अध्याय 'भूमि और लोग' की रचना की। यह उस समय के इतिहास लेखन में एक महत्वपूर्ण कार्य था। लोक गीतों एवं लोक संस्कृति को शोध सामग्री के रूप में प्रयोग करते हुए ठीक इसी तरह का शोधकार्य कर चेक इतिहासकार फ्रैन्टिस्क पालाकी (Frantisek Pallacky) ने 'हिस्ट्री ऑफ द चेक पीपुल'

---

1. पीटर बर्क, पॉपुलर कल्चर इन यरली मेडिवल यूरोप, पृ० 15 पृ० 22।

की रचना की। जुलियस मिकलेट (Jules Michlet) जो स्वयं लोक संस्कृति के संकलन का कार्य करता था, की पुस्तक—हिस्ट्री ऑफ द इंग्लैण्ड—1848 ई० में प्रकाशित हुई। इस पुस्तक का तीसरा अध्याय अत्यंत प्रसिद्ध हुआ, जो 17वीं शताब्दी के उत्तरार्द्ध के इग्लैण्ड को विषय बनाकर लिखा गया था। यह अध्याय लोकप्रिय बैलेडों पर आधारित था, जिसका उसने संकलन किया था।[1]

यूरोपीय इतिहासकारों की अभिरुचि लोक संस्कृति की ओर उनमें निहित राष्ट्रवादी भावनाओं के कारण भी हुई। राष्ट्रवाद को एक सांस्कृतिक अवधारणा के रूप में देखते हुए उन्होंने अपनी राष्ट्रीयता की लोक संस्कृति को इतिहास का विषय बनाया।

सचमुच लोक संस्कृति का राष्ट्रवाद के विकास से जुड़ना भी इतिहासकारों के मध्य इसे आकर्षण का केन्द्र बनाया। लोक गीतों के संकलन प्रायः अपनी भावना एवं प्रेरणा में राष्ट्रवादी भावों से भरे थे।

यूरोप में लोकसंस्कृति के निर्धारण की प्रक्रिया आत्मनिर्धारण के आंदोलन एवं राष्ट्रीय मुक्ति से जुड़ी रही है। इस प्रवृत्ति ने भी यूरोप के इतिहासकारों के मध्य इसे अध्ययन का विषय बनाने में महत्त्वपूर्ण भूमिका निभायी। (Fauriel) का ग्रीक लोक गीतों का संकलन 1821 ई० में तुर्क के खिलाफ ग्रीक विद्रोह से प्रभावित था।[2]

शीघ्र ही नवीन एवं प्रसिद्ध इतिहासकार इवजिन वेबर ने फ्रांस के किसानों की अन्तः दुनिया में प्रवेश के लिए लोक संस्कृति के विभिन्न उपादानों को आवश्यक मानते हुए अपना अत्यन्त विद्वत्तापूर्ण शोध प्रबन्ध 'पिजेन्ट इन फ्रेंच मेन्स' प्रस्तुत किया है।[3]

यूँ भी लोक संस्कृति एक ऐतिहासिक संघटना है और लोक संस्कृति का विज्ञान एक ऐतिहासिक अनुशासन है।[4]

---

1. पीटर बर्क, पॉपुलर कल्चर इन यरली मेडिवल यूरोप, पृ० 15 पृ० 22।
2. पीटर बर्क, पॉपुलर कल्चर इन यरली मेडिवल यूरोप, पृ० 15 पृ० 22।
3. सुमित सरकार, मॉडर्न इण्डिया (1885-1947) मैकमिलन इण्डिया, 1893. पृष्ठ 10।
4. ब्लादिमिर प्रोप, थ्योरी एण्ड हिस्ट्री ऑफ फॉकलोर (अरिदुआ वाई० और रिचर्ड पी० मार्टिन द्वारा अनुदित और अनातोली लिबर मैन द्वारा सम्पादित) मैनचेस्टर, 1984 मैनचेस्टर यूनिवर्सिटी प्रेस, पृष्ठ 3।

प्रसिद्ध सामाजिक इतिहासकार ई० पी० थॉम्पसन ने अपने एक अत्यन्त विद्धत्तापूर्ण लेख 'फॉकलोर, एन्थ्रोपोलॉजी एन्ड सोशल हिस्ट्री' में इन तीनों के अन्तः सम्बन्ध एवं अन्तः संवाद की व्याख्या करते हुए यूरोप के इतिहास में इनकी अन्विति के सकारत्मक स्वरूप एवं सीमाएँ स्पष्ट करते हुए भारत में इसकी आवश्यकता पर बल दिया है।[1]

एक ओर यूरोप में इतिहास लेखन में लोक संस्कृति का इतना व्यापक प्रयोग हुआ है, वहीं भारत में इस दिशा में पहल न के बराबर हुआ है।

आधुनिक भारत के इतिहास के निर्माण एवं पुनर्निमाण के लिए विभिन्न प्रयास किए गए हैं एवं अनवरत किये जा रहे हैं। इन प्रयासों के परिणामस्वरूप भारतीय इतिहास लेखन में विभिन्न पद्धतियाँ, दृष्टिकोण एवं मत विकसित हुए हैं। भारतीय इतिहास लेखन के इन विभिन्न वैचारिक संवर्गों के इतिहास लेखन में 'जन' के लोकप्रिय संस्कृति का कितना स्थान रहा है? उन्होंने इसे कैसे और कितना देखा है?

आधुनिक भारत के इतिहास के निर्माण का प्राथमिक प्रयास औपनिवेशिक विद्वानों एवं प्रशासकों लॉर्ड डफरिन, कर्जन और मिन्टो जैसे वायसरायों और भारत सचिव लॉर्ड हैमिल्टन की राजकीय घोषणा पत्रों के रूप में, वी० चिरोल रौलेट (राजद्रोह) समिति की रिपोर्ट, वर्नी लोवेट और मांटेग्यू चेम्सफोर्ड की तर्क-संगत प्रस्तुतियों एवं इसी प्रवृति का विकास करते हुए पर्सिवल स्पीयर ने भारत के इतिहास की रचना की। इस ऐतिहासिक पद्धति एवं दृष्टिकोण को नया रूप देकर अनील सील[2] जे० ब्रूमफील्ड, जे० ए० कैलाघर[3] इत्यादि ने भारत के इतिहास के निर्माण का जो प्रयास किया है, उनमें लोक संस्कृति के बारे में न कोई समझ है और न ही आधुनिक भारतीय इतिहास में गहराई की प्राप्ति के लिए लोक संस्कृति तक पहुँचने का कोई प्रयास।

---

1. ई० पी० थॉम्पसन फॉकलोर, एन्थ्रोपोलॉजी एन्ड सोशल हिस्ट्री (इंडियन हिस्टोरिकल रिव्यू, वाल्यूम द्वितीय, नम्बर-2 जनवरी 1977)।
2. अनील सिल, द इमर्जेन्स ऑफ इन्डियन नेशनलिज्म : कम्पटीशन एन्ड कोलाबरेशन इन द लैटर नाइन्टीन्थ सेन्चुरी (कैम्बरिज 1968)।
3. जे० एच० ब्रूमफील्ड, इलीट कॅन्फिलीक्ट इन द प्लुरल सोसाइटी—ट्वेन्टीथ सेन्चुरी बंगाल (बर्कले 1968)।

आधुनिक भारत के इतिहास के निर्माण एवं पुनर्निर्माण का दूसरा महत्वपूर्ण प्रयास जिस वैचारिक संवर्ग द्वारा किया गया उसे इतिहास के साहित्य में राष्ट्रवादी इतिहास दर्शन से सम्बोधित किया गया है। उपनिवेशवादी युग में लाला लाजपत राय, ए० सी० मजुमदार, आर० सी० प्रधान, पट्टाभि सीतारमैया, सुरेन्द्र नाथ बनर्जी, सी० एफ० एन्ड्रयूज और गिरिजा मुखर्जी जैसे विद्वान एवं हाल में बी० आर० नन्दा, विशेश्वर प्रसाद और अमलेश त्रिपाठी के शोधकार्य आधुनिक भारत के राष्ट्रवादी इतिहास का दावा प्रस्तुत करते हैं। लेकिन आश्चर्य यह है कि, अपने को राष्ट्रवादी इतिहास का प्रामाणिक प्रतिनिधि मानने वाले इन विद्वानों के कार्यों में भी लोक, लोक संस्कृति, जन और जन की संस्कृति से कोई लेना-देना नहीं है। यह कैसा राष्ट्रवादी इतिहास है, जिसमें 'राष्ट्र' ही नहीं है।

अब मार्क्सवादी इतिहासकारों के कार्यों का मूल्यांकन 'जन' के 'लोक' के इतिहास रचने एवं इतिहास लेखन में लोकप्रिय संस्कृति के उपयोग के सन्दर्भ में किया जाना चाहिए।

मार्क्सवादी विद्वानों में आधुनिक भारत के इतिहास की निर्माण की नींव रजनी पामदत्त एवं ए० आर० देसाई ने रखी। इस इतिहास लेखन का विकास बाद के काल में प्रो० विपन चन्द्र ने मुख्य रूप से किया।[1] इस शृंखला को अग्रगति देने में के० एन० पनिक्कर, आर० एल० शुक्ल, सुनील सेन का प्रमुख योगदान रहा। इतिहास के इन शोधकर्ताओं ने कई महत्वपूर्ण कार्य किए। इन्होंने औपरिवेशिक भारत के मुख्य अन्तर्विरोध एवं रूपाकार ग्रहण कर रहे राष्ट्रवाद की प्रक्रिया को ध्यान में रखा। मार्क्सवादी इतिहास लेखन में कुछ नया एवं मौलिक कार्य करने वाले प्रो० विपन चन्द्र एवं उनके मत के अन्य इतिहासकारों ने राष्ट्रवाद, साम्प्रदायिकता, उपनिवेशवाद एवं भारत के स्वतंत्रता संग्राम पर कई महत्वपूर्ण कार्य प्रस्तुत किए। इन्होंने भारत के स्वतंत्रता संघर्ष का इतिहास रचने के लिए स्वतंत्रता सेनानियों के साक्षात्कार का सहारा लेने का भी प्रयास किया है। किन्तु दुख एवं निराशा होती है कि इतिहास लेखन के स्रोत सामग्री के रूप में एवं एक दृष्टि के रूप में भी न ही इन्होंने लोक संस्कृति की ओर देखने का प्रयास किया, न ही इनकी पहुँच वहाँ तक हो पायी।

---

1. विपन चन्द्र का अध्ययन द राइज एण्ड ग्रोथ ऑफ इकॉनोमिक नेशनलिज्म इन इंडिया, (पी० पी० एच०—1968)।

इन दिनों भारतीय इतिहास लेखन में एक नयी प्रवृत्ति दिखाई पड़ रही है।[1] इसके प्रस्तावकों ने इसका नाम 'उपाश्रयी अध्ययन' रखा है। इस इतिहास दर्शन में पुराने, सीमित दृष्टि वाले इतिहास दर्शन की जगह, उसको स्थापित करने की बात कही गयी है जो नयी, जनोन्मुखी या उपाश्रयी दृष्टि है। इस 'इतिहास लेखन संवर्ग' ने आधुनिक भारत के इतिहास को अत्यन्त धनी बनाया है। विशेषकर क्षेत्रीय आन्दोलनों और कृषक एवं मजदूरों के आन्दोलनों का व्यापक स्तर पर अध्ययन कर इन्होंने भारत में सूक्ष्म स्तरीय अध्ययन को प्रोत्साहित किया है जो अब तक के निर्मित राष्ट्रवाद के ढाँचे को तोड़ने में सहायक हुआ है। किन्तु कुछेक इतिहासकारों का इन पर लगाया जाने वाला यह आरोप विचारणीय है कि 'इस नए सम्प्रदाय ने जन चेतना को केन्द्र में रख कर इतिहास लेखन का वायदा किया था, लेकिन इसने अपने लिए कोई नया स्रोत नहीं तलाशा है, जिससे इनकी लोकप्रिय कल्पनाओं को विचारशीलता मिल सके। इनके नए लेखन का आधार अभी भी वही पुराने अभिजन स्रोत हैं।[2]

किन्तु इसी वैचारिक संवर्ग के डेविड हार्डी मैन का 'देवी आन्दोलन'[3] जिसमें उन्होंने मौखिक इतिहास लेखन के तकनीकों को अपनाया है एवं ज्ञानेन्द्र पाण्डेय का 'दी असेन्डेन्सी ऑफ कांग्रेस इन यू० पी०—दि स्टडी ऑफ इम्परफेक्ट मोबेलाइजेशन[4] में नये स्रोत की ओर जाने का प्रयास दिखता है। किन्तु अपने इतिहास लेखन के सम्पूर्ण दर्शन में लोकप्रिय संस्कृति की आवश्यकता महसूस करते हुए भी आज तक ये इतिहासकार भारत में इतिहास लेखन के इस अजस्त्र एवं अचूक भण्डार का उपयोग

---

1. रणजीत गुहा द्वारा सम्पादित सबॉल्टन स्टडीज विभिन्न जिल्दों से उभर कर आयी उपाश्रयी अध्ययन की प्रवृत्ति।
2. विपन चन्द्र, मृदुला मुखर्जी, आदित्य मुखर्जी, आदि—भारत की स्वतन्त्रता संघर्ष की भूमिका पृष्ठ-16 (हिन्दी माध्यम कार्यान्वयन निदेशालय, दिल्ली विश्वविद्यालय)।
3. डेविड हार्डीमैन का शोधपत्र 'आदिवासी आसर्शन इन साउथ गुजरात ; द देवि मूवमेन्ट ऑफ 1922-23—रणजीत गुहा द्वारा सम्पादित सबॉल्टन स्टडीज तृतीय में संकलित ।
4. प्रो० ज्ञान पाण्डेय का शोधकार्य ओ० यू० पी० से प्रकाशित है जिसमें उन्होंने 1926-34 से कांग्रेस संगठन के रचनाशास्त्र एवं जन सम्बन्धों का अध्ययन किया है।

क्यों नहीं कर पाये? संभवतः निम्न वर्ग एवं सामान्य जन से इनकी व्यावहारिक दूरी इसमें महत्वपूर्ण कारण रही हो। हमारी दृष्टि में इस दूरी को बनाए रखने में इनका लोक भाषाओं का ज्ञान सीमित होना लोक संस्कृति से कोई अन्तः सम्बन्ध न होना एवं कमोबेश इनके भीतर की आभिजात्यता एवं असुविधा से बचने की मध्यवर्गीय इच्छा ने महत्वपूर्ण भूमिका अदा की हो।

ऐसा नहीं है कि भारतीय इतिहासकारों के मध्य इतिहास के सन्दर्भ में लोक संस्कृति का महत्व न समझा जा रहा हो। प्रो० नीहार रंजन रे[1] जब कहते हैं 'जनता का इतिहास लोक विधाओं एवं लोक धर्म इत्यादि से ही निर्मित किया जा सकता है' तब इतिहासकारों की संवेदनशीलता स्पष्ट होती है। डी० डी० कोशाम्बी[2] ने प्राचीन भारत के सामाजिक और ऐतिहासिक सत्य की खोज के लिए मिथकों का उपयोग कर नया पथ प्रशस्त किया है।

आधुनिक भारत के इतिहास के एक प्रमुख विद्वान लेखक प्रोफेसर सुमित सरकार[3] ने अपने अत्यंत नवीन शोधपत्र में भारतीय लेखन की इस विडम्बना को स्वींकार करते हुए लोकप्रिय संस्कृति को इतिहास लेखन की परिधि में लाने पर जोर देते हुए कहा है कि 'मुझे लगता है कि हमारे 19वीं शताब्दी के उल्लेखनीय महानुभावों की विविध सामग्री-धार्मिक पुस्तकें, साहित्यिक कृतियाँ, आत्मकथाएँ, इन्डियन ऑफिस लाइब्रेरी में प्रादेशिक बोली की पुस्तिकाओं के बड़े संकलन का यदि गहराई से अध्ययन किया जाये तो अभी ऐसे खजानों का पता चल सकता है। खासतौर से यदि उन्हें पहले की धार्मिक परम्पराओं और समकालीन लोकप्रिय संस्कृति के तथ्यों के मुकाबले में आमने-सामने लाया जाए।' नीलाद्री भट्टाचार्य[4] ने अपने नवीन शोध पत्र 'लोक-संस्कृति का एजेन्डा' में

---

1. नीहार रंजन रे 'बगलीर इतिहासेर' बंगला भाषा में कलकत्ता, 1966 संस्करण, लेखक समवाय समिति, पृष्ठ—3।
2. देखें, डी० डी० कोशाम्बी का अध्ययन मिथ एन्ड रियलिटी—बॉम्बे, 1962, पॉपुलर प्रकाशन ।
3. सुमित सरकार, सामाजिक इतिहास : स्थिति और सम्भावनाएँ, साँचा, मई,1988।
4. नीलाद्री भट्टाचार्या —लोक संस्कृति का एजेंडा 'सेन्टर फार हिस्टोरिकल स्टडीज' जे० एन० यू० द्वारा आयोजित नव इतिहास पर हुए सेमिनार में प्रस्तुत शोध पत्र।

लोक-संस्कृति का इतिहास लेखन में उपयोग के बारे में विचार करने का प्रयास किया है।

लाल बहादुर वर्मा[1] ने अपनी पुस्तक 'इतिहास के बारे में' में इतिहास लेखन में लोकप्रिय संस्कृति के उपयोग करने की बात उठायी है। किन्तु ये समस्त अध्ययन 'इतिहास लेखन में लोक संस्कृति के उपयोग' के बारे इशारे भर हैं। लोक संस्कृति को लेकर ऐतिहासिक अवधारणाओं को जाँचने-परखने एवं निर्मित करने का काम अभी अधूरा एवं शेष है। लोक संस्कृति के भीतर से अवधारणाओं के विकास का काम तो अभी बिल्कुल ही हमारी पहुँच से बाहर है।

'लोक संस्कृतिवादी' एवं 'इतिहासकारों' के अतिरिक्त भारत में हिन्दी साहित्य के विद्वानों[2] का भी लोक संस्कृति से सम्पर्क रहा है। किन्तु इन्होंने भी या तो मात्र संकलन का कार्य किया या उसके रूप पक्ष को समझने का कार्य। इतिहास की बात रहने भी दें तो सबसे महत्वपूर्ण कार्य—हिन्दी जातीयता का निर्माण, विभिन्न लोक व्यक्तित्व की छवियों का अध्ययन या लोक संस्कृति के ढाँचा की व्याख्या इन्होंने नहीं की। संभवतः उनके ये कार्य इतिहासकारों के लिए उपयोगी होते।

सांस्कृतिक नृतत्वशास्त्रियों ने लगातार विकसित एवं परिवर्तित होती जा रही लोक संस्कृति को देखने का जो भी थोड़ा बहुत प्रयास किया है वह 'आदिम संस्कृति की उनकी समझ से आगे नहीं बढ़ पायी है और नितान्त अनैतिहासिक होकर रह गयी है। इन्होंने लोक संस्कृति से संबंधित संवर्ग के ढाँचे और कार्य प्रणालियों के अध्ययन का निरपेक्ष प्रयास किया जो लोक-परम्परा को व्यापकता में समझने में हमारी कोई मदद नहीं करते।[3]

---

1. लाल बहादुर वर्मा, 'इतिहास के बारे में'—प्रकाशन संस्थान दिल्ली, पृष्ठ—17।
2. इस दिशा में डॉ० उदय नारायण तिवारी द्वारा भोजपुरी कहावतों का संकलन प्रकाशित—हिन्दुस्तानी—अप्रैल 1939, पृष्ठ 59-216। डॉ० धीरेन्द्र वर्मा का इस दिशा में प्रयास भी द्रष्टव्य है।
3. प्रमुख नृतत्व शास्त्रियों में वी० एल्विन एन्ड हिवेल सौंस ऑफ फॉरेस्ट' (जॉर्जा एलेन एन्ड अनवीन) द फॉक्टेल्स ऑफ महाकोशल, बाम्बे, 1944 (ओ० यू० पी० गैरिसन,—सम भोजपुरी फॉक सॉंग्स (जे० आर० ए० एस० जिल्द-18) (1884)। एस० सी० दुबे—द कमारस—(लखनऊ)।

लोक संस्कृति में ऐतिहासिक प्रश्नों के लिए स्थान

इतिहास में 'समय और दूरी' का 'काल और घटना' का प्रश्न प्रायः उठाया जाता है। लोक संस्कृति में समय भी है, घटना भी, घटना घटने की प्रक्रिया भी उसमें शामिल लोगों का उच्छ्वास भी (अर्थात् सम्बद्धता का प्रतिशत भी, उस पर प्रतिक्रिया और सुझाव भी। प्रबुद्ध जनों से हमारा आग्रह है कि 'समय' को तिथि न समझें। हमारे नागर बोध के पास समय की अवधारणा से ग्रामीण कृषक लोक में समय की अवधारणा भिन्न है। हमारे नागर बोध के पास 'समय की अवधारणा' आंग्ल माहों एवं तिथियों में विभाजित है तो ग्रामबोध कृषक चेतना के पास अपनी मौलिक समय सारणी है जो मौसम, नक्षत्र रंग इत्यादि से सम्बन्धित है।[1] लोक प्रिय संस्कृति में समय उनके अपने 'माध्यम' में मिल सकता है न कि हमारे 'माध्यम' में।

लोक संस्कृति के उपांगों लोक गीतों, लोक कहावतों, मुहावरों में घटना, घटित होने के स्थान, उसमें भाग लेने वाले लोगों का उत्साह, उस घटना की तीव्रता एवं उसके प्रभाव का स्थायित्व इत्यादि प्रश्नों के उत्तर प्रचुर रूप से विद्यमान हैं, शर्त यह कि इन बिखरे चित्रों को कोई जोड़ दे। समय की सूक्ष्म से सूक्ष्मतर परिवर्तनशीलता की गूंज लोक संस्कृति में होती है। वर्तमान में इतिहास लेखन के पास घटना विरोध के लिए तो अनेक स्त्रोत हैं लेकिन निम्न वर्गीय जनता की प्रतिक्रिया 'लोक संस्कृति' को छोड़कर और कहाँ मिल सकती है?

---

1. ग्रामीण लोक में क्लासिकी समय की अवधारणा पौराणिक है। जिसके अनुसार—भगवान विष्णु को काल स्वरूप माना गया है। 15 निमेष =1 काष्ठा, 30 काष्ठा की एक कला, तीस कला का एक मुहूर्त, तीस मुहूर्त, का एक दिन रात उतने ही दिन-रात को दो पक्ष युक्त एक मास होता है। 6 महीने का एक अयन। दक्षिणायन और उत्तरायन दो अयन मिलकर एक वर्ष होता है। देवताओं का 12 हजार वर्षों का सतयुग, त्रेता, द्वापर और कलियुग चार युग होता है।

   लोक में इस पौराणिक समय की अवधारणा का आवश्यकतानुसार उपयोग करते हुए सामान्य लोक ने चैत, माघ, फाल्गुन, जैसे मास—हथिया, भद्रा, स्वाति नक्षत्र निर्मित कर लिए हैं। मौखिक साक्षात्कारों से यह भी स्थापित होता है कि निरक्षर कृषक जनता घटनाओं से, अप्रत्यक्ष से प्रत्यक्ष तक पहुँचते हुए समय को पकड़ती है। यहाँ समय की सीधी अवधारणा प्राप्त हो जाने की सुविधा नहीं हैं।

'इतिहासकार लोकायनों का उपयोग इतिहास के खोये हुए ध्रुवों को जोड़ने के लिए करता है। यह इतिहास के रिक्त स्थानों की पूर्ति भी करता है'।[1]

भारतीय स्वतन्त्रता संघर्ष जो आधुनिक भारत के इतिहास की एक महत्वपूर्ण संघटना है, उसकी अनेक छवियाँ लोक संस्कृति में मौजूद हैं। इनके अध्ययन की दो प्रक्रियाएँ हो सकती हैं—एक तो अपनी पूर्व निर्मित अवधारणा को लेकर लोक संस्कृति के पास जाया जाए तथा उसकी जन प्रामाणिकता ढूँढ़ी जाय। द्वितीय, लोक संस्कृति के भीतर से ही अवधारणाएँ विकसित की जाएँ तथा उसे पूर्व निर्मित धारणाओं से मिलाया जाए। इस प्रकार एक 'वृहत् ऐतिहासिक सत्य' को प्राप्त किया जाये। इस उप-शीर्षक के अन्तर्गत मैंने भारतीय राष्ट्रीय आन्दोलन की कुछ पूर्वनिर्मित अवधारणाओं की लोक व्याप्ति एवं लोक से भीतर उन अवधारणाओं की ऐतिहासिक परिणति देखने का प्रयास किया है। 1857 ई० के स्वतन्त्रता संग्राम के अध्ययन का प्रयास अनेक शोधपद्धतियों से किया गया है। किन्तु अभी तक हम उसका उर्ध्वाकार रूप ही निर्मित कर पाये हैं। उसका क्षैतिज स्वरूप क्या था? उसमें जन जुड़ाव की गतिकी का अध्ययन कैसे होगा? उसके सम्बन्ध में सूक्ष्म से सूक्ष्म एवं विशिष्ट जानकारी कहाँ से मिल सकती है। मुझे लगता है कि 1857 ई० के स्वतंत्रता संग्राम का जन इतिहास रचने के लिए ये बड़े सवाल लोक संस्कृति से पूछने पर इनका उत्तर मिल सकता है।

1877 के संग्राम की छवियाँ विभिन्न लोक भाषाओं के लोकायनों में मिलती हैं। अवधी, भोजपुरी, मैथिली के लोक गीतों में इसकी विभिन्न छवियाँ विद्यमान हैं। मुझे तो प्रतीत होता है इन स्रोतों से 1857 के स्वतंत्रता संग्राम का समानान्तर एवं वैकल्पिक इतिहास रचने का प्रयास किया जा सकता है। यह इतिहास कितना नवीन होगा, बिना रचे कहना कठिन है।

भोजपुरी लोक संस्कृति में 1857 के गदर की व्यापक अनुगूँज विद्यमान है। भोजपुरी क्षेत्र में गदर के महान नायक बाबू कुंवर सिंह से सम्बन्धित अनेक लोक गीत मिलते हैं अनेक कहावतें प्रचलित हैं; जिन्हें

---

1. डॉ० सौमेन सेन, इन्टर डिस्पलिनरी एप्रोच टू फॉकलोर स्टडीज, ने हु० जर्नल ऑफ सोशल साइन्सेज एन्ड ह्यूमनिटीज (जनवरी-मार्च, 1991)

क्रमवार विवेचित कर बाबू कुँवर सिंह के लिखित इतिहास के अतिरिक्त 'जन इतिहास' रचा जा सकता है।

इस गदर के अनेक उप जनान्दोलनों, अनेक जनचरित्रों जिनका न तो गजेटियर एवं लिखित रिकार्ड्स में वर्णन है, को प्रकाश में लाया जा सकता है।

1857 के गदर में भोजपुरी क्षेत्र में विभिन्न गाँवों की भूमिका का लोक गीतों में वर्णन है—

'जब बढ़ल कुँअरदल लक्ष्मनपुर से आगे
पथ गाँव-गाँव तरनाई जागल अनुरागे
जागल बहार बा गाँव बहोरनपुर में
लच्छू टोला, बारसींघा, सारंगपुर में
संग लागल सुरेमनपुर, गउरा अगराईल
घनबाग पहरपुर के उमंग में आईल
आते 'करजा' जे दादा के गुरुद्वारा
जहाँ समाधि कवि देव राम दुलारा।[1]

(जब अंग्रेजों के विरुद्ध संघर्ष का बिगुल फूँकते हुए बाबू कुंवर सिंह लछमन पुर से आगे बढ़े तो गाँव गाँव की तरुणाई जाग उठी। बहोरनपुर, लच्छू टोला, बरसींघा सारंगपुर सुरेमनपुर, गउरा करजा इत्यादि भोजपुर जनपद के गाँव विद्रोह की लहर में बह गए)

भोजपुर में 'गदर' की चेतना फैलाने वाले 'बंसुरिया बाबा' का वर्णन किसी भी लिखित रिकॉर्ड एवं इतिहास पुस्तक में नहीं है जबकि भोजपुर की लोक चेतना में यह धारणा बैठी है कि बाबू कुंवर सिंह के गुरु एवं सलाहकार बंसुरिया बाबा ही थे।[2] बंसुरिया बाबा का वर्णन एक भोजपुरी लोकायन में विस्तृत रूप से किया गया है—

बहुत घना दावाँ जंगल बा, कई जोजन के ले परमान
संत बंसुरिया बाबा करे ले, तपल-तपावल साध महान।[3]

---

1. सर्वदेव तिवारी 'राकेश'—'कालजयी कुंवर सिंह' पन्द्रहवाँ सर्ग, पृष्ठ 315 -भोजपुरी अकादमी पटना का प्रकाशन।
2. ओरल हिस्ट्री कैसेट नं० 1 में जगदीशपुर निवासी राम सरन सिंह के साक्षात्कार पर आधारित।
3. उसी में जगदीशपुर निवासी राम उदय मिश्र के स्वर में ध्वन्यांकित संकलन-व्यक्तिगत।

इतिहास लेखन में एक स्थान और है, जहाँ लोक संस्कृति के स्रोत हमारी आवश्यकता हैं। औपनिवेशिक गजेटियर एवं सरकारी स्रोतों में जिन्हें 'डकैत' 'लुटेरे', 'बवाली' कहकर सम्बोधित किया है, क्या वे वास्तव में डकैत थे?[1] पुनः औपनिवेशिक शासन के लिए डकैत कौन हो सकते थे? इस सन्देहास्पद प्रश्न का उत्तर भी लोक संस्कृति में ढूँढा जा सकता है।

मैं यहाँ बहुत विस्तार में न जाकर बस एक उदाहरण प्रस्तुत कर रहा हूँ। 26 मार्च 1858 ई० को आजमगढ़ में विद्रोहियों ने कोतवाली पर आक्रमण किया, औपनिवेशिक प्रतीकों को क्षति पहुँचाई। इस घटना को 'फर्दर पेपर्स रिलेटिव टू म्युटिनी इन दि ईस्ट इंडीज' पृष्ठ 130 (पार्लियामेंटरी पेपर्स में संकलित) आजमगढ़ में स्थानापन्न सब असिस्टेंट का लेफ्टिनेंट नाटसन के नाम एक पत्र में 'डकैत' कहा गया है, जबकि एक लोक गीत में इसी घटना की छवि देखिए

'मत घबरइहा कुँवर—भइया, आजमगढ़ में चलत बा लड़इया
किलवा लुटाई, लुटाई कोतवलिया, मत घबरइहा कुंअर—अमर भइया।[2]

इस लोक गीत से स्पष्ट होता है कि भारतीय घटनाओं के लिए औपनिवेशिक संज्ञाओं पर प्रश्न खड़े किए जाने चाहिए। समस्त औपनिवेशिक संज्ञाओं एवं निर्णयों को नये सन्दर्भ में समझने में लोक संस्कृति हमारी सहायता कर सकती है।

इसके अतिरिक्त लोक संस्कृति का अध्ययन कर हम इस महान जनसंग्राम में 'नेतृत्व' एवं 'जन जुड़ाव' की समस्या को समझने की दिशा में प्रगति कर सकते हैं। विभिन्न लोक भाषाओं में 1857 ई० के गदर के दिनों के लोकप्रिय आह्वान प्रचलित हैं, इनका अध्ययन कर हम आन्दोलन

---

1. अंग्रेजों के द्वारा 1871 ई० में लागू किए गए अपराधी जन-जाति अधिनियम की परिधि में बीसवीं सदी के मध्य तक अनेक जातियों तथा जनजातियों के करीब एक करोड़ तीस लाख लोगों को समेट लिया गया और उन सबके विरुद्ध विशेष दंडादि का विधान कर दिया गया। इस अधिनियम की धाराएँ 1897, 1911, 1942, 1947 में संशोधित की गयीं तथा 1954 में इसे रद्द कर दिया गया। (डेंजरस कास्ट्स एन्ड ट्राइब्स : द क्रिमिनल ट्राइब्स ऐक्ट एन्ड द मगहिया डोम्स ऑफ नार्थ ईस्ट इन्डिया, यांग द्वारा सम्पादित—क्राइम एन्ड क्रिमिनलिटी इन ब्रिटिश इन्डिया (यूनी० ऑफ ऑरिजोना प्रेस, 1985, पृष्ठ—108-27)।
2. ओरल हिस्ट्री कैसेट नं० 1 में संकलित संकलन-व्यक्तिगत।

में 'जन जुड़ाव के ढाँचे एवं प्रक्रिया को' समझ सकते हैं। भोजपुरी में प्रचलित ऐसा ही एक आह्वान यहाँ उद्धृत हैं—

'गाँव गाँव में डुग्गी बाजल, बाबू के फिरल दुहाई।
लोहा चबावाई के नेवता बा, सब साज आपन दल-बादल।
बाज जान गवांवई के नेवता चूड़ी फोरवावई के नेवता।
सिन्दुर पोछवावई के नेवता, बा राँड़ कहवावई के नेवता।
जेई हो हमार ते माथ देई, जेई हो हमार ते साथ देई।
बा इहाँ न मौका समझइके, बा इहाँ न मौका बूझइके।
कीतो फेरो नेवता हमार, की तो तइयार हो जूझइके।

(वीर कुँवर सिंह—लेखक उदय नारायण सिंह, प्रकाशक—शब्द पीठ के परिशिष्ट पृष्ठ—153)

लोक संस्कृति' हमें भारतीय समाज में पुनर्जागरण के प्रश्न को सुलझाने एवं समझाने में सहायता कर सकती है। औपनिवेशिक काल में लोक संस्कृति में नागर संस्कृति के समानान्तर पर उससे थोड़ा भिन्न एवं सर्वथा मौलिक जागरण की छवि लोक गीतों एवं लोक कवियों की रचनाओं में प्राप्त होती है। यदि नागर संस्कृति एवं आभिजात्य, शिक्षित मध्यवर्गीय संस्कृति में घट रही उस संघटना को पुनर्जागरण कहते हैं तो लोक संस्कृति में जागरण के इन प्रतीकों को क्या कहा जाए? पुनर्जागरण शब्द की अभी तक गढ़ी गई अवधारणा शायद ही अपने में इस अजस्त्र चेतना को समाहित कर पाये।

भारतीय राष्ट्रीय आन्दोलन के नेतृत्व की कौन-सी छवि जनमानस में बन रही थी? 'जन' से उनका सम्बन्ध किस प्रकार का था और जन का किस तरह का सम्बन्ध उनसे था? इन सारे प्रश्नों का लोक संस्कृति में उत्तर ढूँढ़ने का प्रयास किया जा सकता है।

इस प्रकार लोक-संस्कृति में ऐसे अनंत स्थान हैं जिनसे हम भारतीय राष्ट्रवाद के इतिहास की पुनर्रचना कर सकते हैं।

•••

भारतीय राष्ट्रवाद का रचनाशास्त्र

(पूर्वी लोकचेतना में राष्ट्रवाद के उत्तकों का अध्ययन)

भारतीय राष्ट्रवाद का स्वरूप बहुविध, बहुपक्षीय एवं अनन्त ध्वनियों को रूपायित करने वाला रहा है। इसके अध्ययन के लिए आधुनिक इतिहासकारों के अनेक सार्थक प्रयासों के बावजूद अभी तक हम उसके सूक्ष्म स्वरूप का अध्ययन नहीं कर पाये हैं। जो दीख रहा था उसका तो हमने अध्ययन किया लेकिन जो नहीं दीख रहा था उसका अध्ययन अभी भी बाकी है। अभी तक हमने उसका एक रैखीय अध्ययन प्रस्तुत किया है। भारतीय राष्ट्रवाद की अपूर्णता की तलाश हम तब तक नहीं कर सकते जब तक राजनीतिक घटनाओं के मोह से थोड़ा मुक्त होकर राष्ट्रवादी चेतना के निर्माण की प्रकिया का अध्ययन नहीं कर लेते। इन स्थितियों में प्रो० रणजीत गुहा की खीझ स्वाभाविक है कि 'भारतीय राष्ट्रवाद का इतिहास यहाँ के आभिजात्य वर्ग की आध्यात्मिक जीवनी के रूप में रचा गया है।'

(औपनिवेशिक भारत के इतिहास लेखन के कुछ पक्षों पर एक दृष्टि सबॉल्टर्न स्टडीज, जिल्द-1)[1]

इस लेख में मैंने भारत के राष्ट्रवाद के अध्ययन के लिए पूरबी लोकचेतना में निहित राष्ट्रवाद को एक केस स्टडी के रूप में अध्ययन किया है।

इस पत्र में पूरबी लोकचेतना के विभिन्न आयामों से उभर रहे राष्ट्रवाद के स्वरूप को समझने का प्रयास किया है। पूरब का लोक एक कृषक जगत है और कृषक जगत के अन्तःमन को समझने के लिए लोक संस्कृति सबसे बेहतर माध्यम है। इस शोध पत्र में मैंने लोक प्रतिक्रियाओं के अध्ययन के लिए लोक गीतों, मुहावरों, कहावतों, दन्त-कथाओं एवं लोकायनों जैसे मौखिक स्त्रोतों का उपयोग किया है। इसमें मैंने शोध

1. रामसुरेश-ईस्ट एण्ड वेस्ट-पेपर प्रजेन्ट इन..... सेमिनार, पटना 1987।

अध्ययन की जिस पद्धति का उपयोग किया है। वह पुस्तकालीय कम, क्षेत्रीय अध्ययन पर ज्यादा आधारित है।

पूरब की अवधारणा—पूरब भौगोलिक से ज्यादा एक कल्पित सांस्कृतिक अवधारणा है। इसलिए इसके भौगोलिक सीमा निर्धारण के पूर्व इस अवधारणा के कल्पित ब्रह्माण्ड को समझना अत्यन्त आवश्यक है। भोजपुरी लोकायनों में पूरब का कई अर्थों में प्रयोग किया गया है।

लोकायनों के संकलन एवं विश्लेषण से पूरब की अवधारणा के दो स्तर दिखाई पड़ते हैं। एक स्तर पर इसे अत्यधिक विस्तृत रूप में अवधारणीकृत करते हुए पूरब बनिज' के रूप में वर्णित किया है जिसका औपनिवेशिक काल में अर्थ कलकत्ता तक के सामाजिक संसार से लगाया जाता था। दूसरे स्तर पर पूरब का अर्थ भोजपुरी क्षेत्र के रूप में किया गया है। इन लोकायनों का यदि समाजशास्त्रीय, भाषाशास्त्रीय एवं संरचनात्मक अध्ययन किया जाए तो स्पष्ट होता है कि पूरब का अर्थ भोजपुरी क्षेत्र के रूप में लोकमन की पहली अवधारणा है। जब भारत में यातायात के साधनों का विकास हुआ और भोजपुरी जन चटकल तथा अन्य यूरोपीय उद्योगों में काम करने कलकत्ता जाने लगे तो पूरब की अवधारणा विकसित हुई जिसमें कलकत्ता भी शामिल हुआ।

पूरब का एक नवीन अर्थ में प्रयोग रुडयार्ड किपलिंग ने किया जिसने पूरे एशिया महाद्वीप को पूरब मान लिया। रुडयार्ड किपलिंग का कथन 'ईस्ट इज ईस्ट एण्ड वेस्ट इज वेस्ट' के अन्डरटोन (अन्तःध्वनिका) का सूक्ष्म मूल्यांकन करें तो साफ जाहिर होता है कि पिछड़ी, अशिक्षित गरीबी की संस्कृति के अर्थ में हीनताभाव पैदा करने या दर्शाने के लिए इसका प्रयोग किया गया है। अंग्रेजी काल का उपनिवेशवादी एवं आज के आभिजात्य दोनों के मन में पूरब अविकसित बुद्धि एवं पिछड़ी चेतना का पर्याय बन गया है। रुडयार्ड किपलिंग की इस व्याख्या के या इस तरह के अनेक व्याख्याओं के प्रक्रिया स्वरूप पूरब के मध्यवर्गीय राष्ट्रीय चेतना में पूरब का गौरवगान किया जाने लगा। पूरबियों की इमानदारी, नैतिकता सीधेपन के तर्क से सम्पूर्ण उपनिवेशवादी पश्चिमी सांस्कृतिक अनुभवों का प्रतिकार किया जाने लगा। यह उपनिवेशवाद का पूरब के लोक में एक सांस्कृतिक प्रतिरोध था, जिसमें कल्पना में नैतिकता के मॉडल को औपनिवेशिक सर्वोच्चता के विरुद्ध पूरबी सांस्कृतिक सर्वोच्चता के मॉडल के रूप में लाया गया। यह पूरब के अशिक्षित एवं निरक्षर जनता का

उपनिवेशवाद से लड़ने का एक साधन भी बन गया।

भौगोलिक रूप से पूरबिया लोक का सन्दर्भ उत्तर हिमालय की तराई, दक्षिण मध्य प्रान्त का जसपुर राज्य, पूरब मुजफ्फरपुर और उत्तर प्रदेश में बस्ती तक रहा है। जार्ज ग्रियर्सन इसका क्षेत्रफल करीब 50 वर्ग मील मानते हैं।

यहाँ भारतीय राष्ट्रवाद के एक सजग छात्र के रूप में हमारा एक विनम्र आग्रह है कि पूरब के लोक में राष्ट्रवाद के अध्ययन के लिए औपनिवेशिक एवं आभिजात्यवादी मानसिकता के राष्ट्रवादी मॉडल का जहाँ तक हो सके परित्याग किया जाय। इसमें शोध तकनीक के रूप में पश्चिमी प्रारूप से मुक्त हो पूर्णतः लोक तकनीक विकसित किया जाए। भारतीय राष्ट्रवाद के अनखोजे पक्ष के अध्ययन के लिए यह हमारी आवश्यकता भी है और मजबूरी भी।

पूरब के लोक में राष्ट्रवाद की अवधारणा एक नियत विकास एवं रूपान्तरण का परिणाम है। इसके विकास की एक क्रमिक-प्रक्रिया है। इस प्रक्रिया को समझने के लिए तीन लोक मुहावरों का विश्लेषण करना आवश्यक है।

पहली लोकोक्ति में कहा गया है 'धरती हमार माई है'। यहाँ धरती का अर्थ जड़ न होकर समयानुसार परिवर्तनशील है। आज धरती का अर्थ भौगोलिक रूप से अत्यन्त विस्तृत है। तब जब संचार माध्यमों का ज्यादा विकास न हुआ होगा, सूचना स्रोत विकसित न रहे होंगे, धरती बहुत बड़ी न रही होगी। ऐसे में पूरबिया लोक की धरती बहुत बड़ी न रही होगी। इसे एक अन्य उदाहरण से पुष्ट किया जा सकता है। प्राचीन काल का 'वसुधैव कुटुम्बकम्' की अन्तर्वस्तु मध्य कालीन समाज के अन्धकार उथल-पुथल एवं विघटन में उतनी व्यापक न रही होगी। हालाँकि भोजपुरी लोक में ऐसे अनेक मुहावरे प्रचलित हैं जिनमें फारस मुल्तान का जिक्र है। कुछ ऐसी भी लोकोक्तियाँ हैं, जिनमें 'सात समुन्दर पार' का जिक्र है। इसमें कोई शक नहीं है कि फारस एवं मुल्तान वाले मुहावरे मध्य काल में रचे गए होंगे। जब फारस एवं मुल्तान से हमारा लाभदायक व्यापारिक सम्बन्ध रहा होगा। लन्दन वाले मुहावरे ईस्ट इण्डिया कम्पनी के भारत में आने के बाद के होंगे। कहने का तात्पर्य है कि धरती हमार माई की धारणा आज के हमारे ज्ञान की धरती है न कि प्राचीन काल एवं मध्य काल की धरती है।

कुछ लोकोक्तियों एवं गीतों में 'भारत माता' का उल्लेख मिलता है[1] कुछ में भारत देश का। बहुत सम्भव है यही धरती माता बाद में भारत माता एवं भारत देश में परिवर्तित हुई होगी। पूरबिया लोक की संवेदना का यह संकुचन जो धरती से होते हुए देश तक पुहुँचता है भारत में औपनिवेशिक अनुभव का परिणाम है जिसने हमारी कल्पना शक्ति को लघु किया। किन्तु इस औपनिवेशिक अनुभव ने उसे प्रतिरोधी एवं जुझारू भी बनाया। बहुत सम्भव है कि 1905 के बाद जब सम्पूर्ण देश में राष्ट्रीय आन्दोलन तेज हुआ, देश की अवधारणा पहले की अपेक्षा ज्यादा जनोन्मुख हुई तो यह धरती माता देश के रूप में परिणित हुई होगी। धरती के प्रति पूरबिया कृषक चेतना के लगाव का रूपान्तरण ही देश से लगाव के रूप में हुआ। किन्तु देश के प्रति यह लगाव पहले की अपेक्षा ज्यादा आवेग पूर्ण एवं तीव्र था।

भोजपुरी लोक में राष्ट्रवाद के निर्माण की एक दूसरी प्रक्रिया भी दिखाई पड़ती है। अपने शोध के सम्बन्ध में तत्कालीन शाहाबाद जिले के एक गाँव जनइडीह के सीताराम पुस्तकालय से 1912 ई० में पण्डित मदन मिश्र मधुप जी का पम्फेलेट मिला जो दशहरा के अवसर पर एक नाटक के प्रचार के लिए छपवाया गया था। इस लेख में पहले भोजपुरी मिट्टी, भोज पुर की हवा पेड़, पक्षी, सबको याद किया गया है एवं शत-शत प्रणाम किया गया है इसके बाद भारत देश का नमन किया गया है। यहाँ राष्ट्रवाद के विकास की एक और दिशा दिखाई पड़ती है। जिसमें भोजपुरी संवेदना से होते हुए अखिल भारतीय संवेदना तक पहुँचा गया है।

यहाँ पर इस अवधारणा के व्याकरण को जानने के लिए यह प्रश्न उठाया जाना चाहिए कि पण्डित मधुप की बौद्धिकी का वर्गीय आधार क्या था? वस्तुतः पण्डित मधुप एक ग्रामीण आभिजात्य कुल शील आचारी ब्राह्मण थे जो कांग्रेसी भी हो गए थे। उनमें एक मध्यवर्गीय चेतना शामिल थी जो रुडयार्ड किपलिंग जैसी अवधारणाओं की ज्ञात-अज्ञात प्रतिक्रिया स्वरूप अत्यंत भावुक हो अपनी क्षेत्रीय पहचान को, अपनी अस्मिता को याद करती थी।

वस्तुतः धरती माता से भारत देश तक की यात्रा जो जेनुइन निरक्षर लोक की चेतना की यात्रा थी जब कि भोजपुरीपन से भारत देश तक की

---

1. कृष्णदेव उपाध्याय, भोजपुरी लोक साहित्य, पृष्ठ 4।

यात्रा औपनिवेशिक समाज के मध्यवर्गीय ग्रामीण बौद्धिकों की यात्रा थी। कांग्रेस के राष्ट्रवादी नेताओं ने अपना सम्बन्ध धरती माता' से भारत देश तक वाली धारा से जोड़ा इसीलिए वे जनता की संवेदना तक पहुँच सके।

किन्तु इन निष्कर्षों से इतना तो स्पष्ट होता है कि भारतीय राष्ट्रवाद का कोई ऊर्ध्वमुखी (लीनियर) स्वरूप नहीं खड़ा किया जा सकता। इसकी संरचना समतल एवं एकांगी नहीं है। इसकी संरचना में विभिन्न जातीयताओं की वर्गों की आकांक्षाएँ शामिल थीं जिनमें आपस में अन्तर्विरोध भी था एवं अन्तः सम्बन्ध भी। इसीलिए भारतीय राष्ट्रवाद के रूपों की बहुलता के दर्शन पर चले बिना हम भारतीय राष्ट्रवाद की ऐतिहासिक सच्चाई प्राप्त नहीं कर सकते। यहाँ यह भी उल्लेखनीय है कि भारतीय राष्ट्रीय आन्दोलन ने तत्कालीन समय के विभिन्न भाषिक एवं कल्पित राष्ट्रवादों को अपने में शामिल भी किया एवं उन्हें दबाया भी। उस समय का यही दबाव आज विभिन्न विकृतियों के रूप में अपने को अभिव्यक्त कर रहा है।

पुरबिया लोक में राष्ट्रवाद के विकास की प्रक्रिया को समझने के लिए 1921 ई० में रघुवीर नारायण की यह लोक कविता अत्यन्त महत्वपूर्ण है।

सुन्दर सुभूमि मइया भारत के देसवा से।
मोर प्रान बसे हिम खोहरे बटोहिया।।
एक द्वारे घेरे राम हिम—कोतवलवा से।
तीन द्वारे सिन्धु घहरावे रे बटोहिया।।
जाहु-जाहु भाइया रे बटोही! हिन्द देखियाऊ।
जहवाँ कुहुकि कोइली बोले रे बटोहिया।।
आगरा, प्रयाग, काशी, दिल्ली, कलकत्तवा से।
मोर प्रान बसे सरजू तीर रे बटोहिया।।
उत्तर प्रदेश देश, सुभग सुघर बेस।
मोर हिन्द जग के निचोड़ रे बटोहिया।।

(भोजपुरी गद्य पद्य संग्रह पृष्ठ 57, भोजपुरी अकादमी)[1]

यह पूरब के राष्ट्रवाद का अखिल भारतीय भोजपुरी राष्ट्रवाद के साथ एकात्मकता का प्रतीक है। जैसे-जैसे राष्ट्रवादी आन्दोलन जनान्दोलन का रूप लेता गया, विभिन्न प्रकार के लोक राष्ट्रवाद उसमें शामिल होते गये।

---

1. रघुवीर नारायण-भोजपुरी-गद्य-पद्य संग्रह, भोजपुरी अकादमी पटना, पृष्ठ 7

1912 ई० के पण्डित मधुप के लेख की यात्रा 1921 ई० के भोजपुरी राष्ट्रवाद की प्राथमिक यात्रा-असहयोग आन्दोलन जैसे महान जनान्दोलन के समय अखिल भारतीय राष्ट्रवाद में एकात्म हो जाती है।

लोक में राष्ट्रवाद की चेतना नागर चेतना की तरह योजनाबद्ध तो नहीं किन्तु स्वतः स्फूर्त, अत्यंत आवेग एवं तीव्रता से परिपूर्ण है। पूरब के लोक में उपनिवेशवाद के प्रति अत्यंत खार एवं तीव्र आलोचनात्मक समझ है।

भोजपुरी क्षेत्र में एक लोक मुहावरा प्रचलित है:

'कमाए धोती वाला,
खाए टोपी वाला।'[1]

यहाँ टोपी वाला कौन है? निश्चित रूप से टोपीवाला का बिम्ब लोकमन में अंग्रेजी काल में ही विकसित हुआ होगा। उपनिवेशवाद की यह समझ किसी नागर बौद्धिक की समझ से कम नहीं है। यह समझ एक अन्य मुहावरे में और भी विकसित दिखायी देती है—

अपने उद्यमें चिड़िया बाउर,
के कुटी सरकार के चाऊर।[2]

यही नहीं पूरब की लोक चेतना औपनिवेशिक काल में सामन्तों की दुर्दशा पर व्यंग्य भी करती है—

1. *नाम रामबहादुर सिंह, पोत पौने बारह आना।*
2. *माँग के भीखि, चुकाने के गाँव के जामा।।*[3]

(हिन्दुस्तानी, जुलाई 1935) उदयनारायण त्रिपाठी
द्वारा संकलित भोजपुरी मुहावरे।

इस प्रकार पूरब की लोक चेतना में राष्ट्रवाद की भाषा, उपनिवेशवाद के प्रति व्यंग्य, आलोचना, प्रतिरोध, नकार इत्यादि शामिल है।

पूरब के राष्ट्रवाद के चरित्र की विविधता, एवं प्रतिरूपों की बहुलता भारतीय राष्ट्रवाद के बहुरूपता के दर्शन को स्थापित करती है। क्योंकि 'पूरब का राष्ट्रवाद' भारतीय राष्ट्रवाद की ही एक इकाई है।

●●●

---

1. ओरल हिस्ट्री कैसेट नं० 4-संग्रह व्यक्तिगत।
2. वही।
3. हिन्दुस्तानी, जुलाई, 1939, पृष्ठ संख्या 144, उदयनारायण तिवारी द्वारा संकलित भोजपुरी मुहावरे।

भाषा-साहित्य में इतिहास की शोध सामग्री

(तीन दन्तकथाओं का अध्ययन)

प्रस्तावित विषय में 'भाषा-साहित्य' के साथ 'लिखित' या 'अलिखित' की सीमा निर्धारण न होने के कारण मैं अत्यन्त विनम्रता पूर्वक अलिखित भाषा साहित्य को इस शोध पत्र का उपादान बना रहा हूँ। अलिखित इसलिए कि भारतीय जनता के विशाल भाग के निरक्षर होने के कारण उसके भाषा साहित्य का वृहत् भाग अलिख्रित है।

अभी तक राष्ट्रीयता के विकास के अध्ययन की हमारी शोध सामग्री मुख्य रूप से पेशेवर, अभिलेखागारीय एवं एकपक्षीय रही है। गजेटियर, पुलिस रिकार्ड, (व्यावसायिक), अंग्रेजी प्रशासकों के आदेशों, राजनीतिक संगठनों के सुनिर्धारित रिकार्ड्स के आधार पर हमने राष्ट्रीयता के विकास एवं राष्ट्रवाद की जड़ अवधारणा को विकसित कर लिया है। इसी कारणवश तमाम प्रयासों के बावजूद भी हम राष्ट्रीयता कें विकास की गति की अधूरी सांख्यिकी लेकर जी रहे हैं। उसकी (समय एवं दूरी की) विराटता का हमें मात्र अंदाज ही हो पाता है।

विविध स्तरों में विभाजित भारतीय समाज के मन में राष्ट्रवाद का कैसा रूप था? विभिन्न वर्गीय हितों में विभक्त विभिन्न तबकों की आँखों में सुराज का कैसा स्वप्न था? राष्ट्रीय घटनाओं के सम्बन्ध में एवं उपनिवेशवाद के विरोध में उसकी क्या प्रतिक्रियाएं थीं? ये सारे प्रश्न अभी भी अनखोजे एवं अनुत्तरित हैं। सम्भव है भाषा एवं साहित्य जो स्वयं में प्रतिक्रियाओं की रचनात्मक अभिव्यक्ति हैं इसमें हमारी कुछ मदद कर पायें। शासक वर्गों, प्रभुत्व की बदलती पद्धतियों और प्रतीकों के अध्ययन में भाषा एवं साहित्य एक महत्वपूर्ण शोध सामग्री के रूप में काम आ सकते हैं। इतिहास लेखन की परम्परा में मार्क ब्लाक एवं ल्युसियन फेवर के

पूर्ण इतिहास की प्राप्ति[1] आज भी हमारे सामने चुनौती है। पश्चिमी देशों के इतिहासकारों ने इस चुनौती को स्वीकार कर नयी-नयी दिशायें तलाश करने का प्रयास किया है।

भारत में भाषा-साहित्य एवं संस्कृति के उपकरण का इतिहास के निर्माण में उपयोग के लिए सुमित सरकार की चिन्ता सकारात्मक है।[2] सुधीर चन्द्र, ज्ञानेन्द्र पाण्डेय, लाल बहादुर वर्मा ने दस स्त्रोत सामग्री का सार्थक उपयोग करने की दिशा में पहल की है।[3] इस पत्र में हमारा मुख्य उद्देश्य अलिखित भाषा एवं साहित्य में इतिहास की स्त्रोत सामग्री की तलाश का प्रयास करना है। अभी तक जो भी प्रयास किए गए हैं। वे लिखित साहित्य को माध्यम बनाकर किए गए हैं।[4] जबकि भारतीय समाज में अलिखित एवं मौखिक भाषा एवं साहित्य की धारा निरन्तर प्रवाहमान है। एशियाई देश भारत अन्य यूरोपीय देशों से भिन्न व्यापक स्तर पर निरक्षरता का शिकार है। अतः भारतीय जनता मौखिक एवं वाचिक परम्परा के तहत अपनी प्रतिक्रियाएँ व्यक्त करती रही है।

भाषा की संरचना में सत्ता वर्ग की संस्कृति का प्रभाव स्पष्ट दिखाई पड़ता है। शासक सत्ता वर्ग के प्रतीक, बिम्ब एवं उसकी कूट, भाषा में दिखाई पड़ते हैं। भारत के विभिन्न अंचलों में प्रचलित लोक गीतों की भाषा का अगर अध्ययन किया जाए तो औपनिवेशिक शासन के बिम्ब एवं कूट वृहत् मात्रा में दिखाई पड़ेंगे। बिहार के मिथिला अंचल में लोक गीतों की एक प्रचलित शैली है—'विद्यापत लोक गीतों की'—किन्तु बदलते समय में अनेक लोकगायकों ने 'विद्यापत गीतों' की रचना की है जो आज विद्यापति

---

1. मार्क ब्लाक एवं ल्युसियन फेवर की इतिहास सम्बन्धी अवधारणा।
2. सामाजिक इतिहास : स्थिति और संभावनाएँ-साँचा मई 1988 में प्रो० सुमित सरकार की चिंता तथा बंगाल के बौद्धिक इतिहास पर उनके कार्य।
3. सुधीर चन्द्र का लिटरेचर एण्ड कनशसनेस—प्रो० ज्ञानेन्द्र पाण्डेय ने कन्सट्रक्शन ऑफ कम्यूनलिज्म इन कॉलोनियन नार्दन इण्डिया मैं साम्प्रदायिकता के निर्माण का अध्ययन करने के लिए साहित्यिक स्त्रोतों का उपयोग किया है। डॉ० लाल बहादुर वर्मा ने 'इतिहास के बारे में' पुस्तक में इस सम्बन्ध में चिन्ता जतायी है।
4. प्रो० सुमित सरकार, सुधीर चन्द्र, ज्ञानेन्द्र पाण्डेय इत्यादि ने प्रायः लिखित साहित्यिक स्त्रोतों का उपयोग किया है। डॉ० लाल बहादुर वर्मा ने मौखिक स्त्रोतों के उपयोग का पहल प्रारंभ किया है। प्रो० ज्ञानेन्द्र पाण्डेय में भी इधर यह प्रवृत्ति दिखाई पड़ रही है।

के गीतों की मुख्य धारा बन गई है। विभिन्न समय में विभिन्न कंठों से गुजरने के कारण इनमें आवश्यक बदलाव आए हैं। विद्यापति के गीतों की भाषा में आए ये बदलाव समय के बदलाव को रेखांकित करते हैं। इन बदलावों के अध्ययन से हम रोचक ऐतिहासिक निष्कर्ष तक पहुँच सकते हैं। विद्यापति के गीतों में प्रायः शिव के मिथक की रचना की गई है। इस गीतों में पारम्परिक शिव का वर्णन कैलाश पर्वत पर आसन जमाने वाले योगी के रूप में किया गया है। किन्तु कई विद्यापत गीतों में 'शिव जोगी बनके बैठले बंगलवा में'[1] का उल्लेख किया गया है। यह बंगला शब्द शिव के रूप के साथ कब जुड़ा? परम्परा से चले आने वाले शिव के मिथक एवं बंगला में बैठने वाले शिव के मिथक का अन्तर क्या रूपायित करता है? मुझे लगता है लोकमन में 'बंगला' शब्द 1793 में स्थायी बन्दोबस्त के भारत के बिहार, बंगाल, बनारस के आस-पास लागू होने के बाद ही प्रचलन में आया होगा क्योंकि इसी के बाद ग्रामीण जनता का कर संकलन के एक संस्थागत तंत्र से सामना हुआ। इस काल में अनुपस्थित जमींदार पैदा हुए जो समय-समय पर शहर से आते थे, बंगलों में ठहरते थे एवं यहीं पर कर सम्बन्धी विवादों को सुलझाते थे। उनकी अनुपस्थिति में भी ये बंगले उनका भय जनता के मन में प्रवाहित करते रहते थे। अमले-ताले, लगभग 50 प्रकार के मध्यस्थ दलाल इन बंगलों के माध्यम से संचलित होते थे। ये बंगले तत्कालीन गरीब हो रहे भारत में वैभव के केन्द्र के रूप में उभर रहे थे। भारतीय जनता के लिए उस समय बंगला ही अपने शिव को बिठाने के सर्वोच्च स्थान रहा होगा। इस प्रकार लोकभाषा के बिम्बों, प्रतीकों एवं कूटों का विश्लेषण हमें इतिहास की नवीन स्रोत सामग्री प्रदान कर सकता है। 'नमक' के औपनिवेशिक अर्थ की खोज के लिए तानिका सरकार का अध्ययन बिम्बों की व्याख्या का अवधारणात्मक आधार दे सकते हैं।[2] मुझे लगता है कि लोक भाषा की संरचना का अध्ययन कर जन राष्ट्रवाद के इतिहास में उभर आए संगठन / स्वायत्तता के विवाद को बदला जा सकता है।[3] डब्लू० एच० सेवेल द्वारा 18वीं शताब्दी के उत्तरार्द्ध और 19वीं शत्ताब्दी के शुरू के फ्रांस के सन्दर्भ में

---

1. विद्यापति के गीतों का कैसेट-वीनस से।
2. देखें तानिका सरकार का दिल्ली वि० वि० से 1981 में हुआ अप्रकाशित शोध प्रबन्ध 'नेशनल मूवमेन्ट एण्ड पॉपुलर प्रोटेस्ट इन बंगाल।'
3. सब्आलर्टन इतिहास लेखन द्वारा उभारा गया विवाद।

लिखि गई 'मजदूर की भाषा' भाषा के सामाजिक अध्ययन का आकर्षक उदाहरण है जो इसमें हमारी मदद कर सकता है। इसमें सामूहिक (कॉर्पोरेट) मुहावरे को काल और सामाजिक विस्तार में अनेक नाजुक फेरबदल करने के योग्य माना गया है।

यहाँ पर लक्षण-वैज्ञानिक विश्लेषण की पद्धतियों के लिए, जिसकी विषय वस्तु मौखिक और अमौखिक दोनों है काफी गुंजाइश है। इस तरह के नजरिये एवं स्रोत सामग्री की वजह से ही हम बहुत से धोखों के बावजूद गाँधी की लोकप्रियता के पीछे पायी जाने वाली शक्ति और अनोखी दृढ़ता के भीतर 'नई अन्तर्दृष्टि' हासिल कर सकते हैं।[1]

लोक कथाओं, लोक विश्वासों एवं मुहावरों में अनेक लोक मिथक होते हैं। आधुनिक राष्ट्रवाद का इतिहास रचने के लिए इनका प्रयोग हो रहा है। गाँधी के मिथक की सामाजिक व्याख्या डॉ० रवीन्द्र कुमार ने की है।[2] शाहिद अमीन ने गोरखपुर के आस-पास गाँधी के बारे में एक चमत्कारी काम करने वाले के रूप में अफवाहें एकत्रित की है।[3] किन्तु इस तरह के अध्ययन का तभी अर्थ हो सकता है, जब उन्हें लोकप्रिय संस्कृति की परम्परा के सन्दर्भ में रखकर देखा जाए। चूँकि लोकमिथकों की तलाश की दिशा में कार्य अभी बहुत कम हुआ है, इसलिए जो चित्र उभरता है, उससे लगता है कि उस समय पूरा लोक गाँधीमय एवं गाँधी-निर्भर हो गया था। किन्तु ग्रामीण जनता के मन में उभरे सहज स्वाभाविक मिथक दूसरी ही कहानी कहते हैं। गाँवों में दन्तकथाएँ प्रचलित होती हैं। इन दन्तकथाओं में अनेक लोकमिथक उपस्थित रहते हैं। इस पत्र में मैंने तीन लोकमिथकों की तलाश की है, जो लोक मन की नयी प्रवृत्तियों की ओर इशारा करते हैं। ये तीन लोकमिथक भोजपुर अंचल की लोककथाओं में से तलाशे गए हैं। सोना चमाइन का मिथक, परमेसुर डिहवार का मिथक, ओझा जी का मिथक।

---

1. 1984 में सुमित सरकार ने अपने लेख-कंडीशन एण्ड नेचर ऑफ सबार्ल्टन मिलीटेंसी : बंगाल फ्राम मिलीटेंसी टु नान कॉपरेशन-1905-1922 में इन समस्याओं पर विचार किया है।
2. डॉ० रवीन्द्र कुमार का गाँधी पर किया गया काम।
3. शाहिद अमीन, गाँधी एवं महात्मा : गोरखपुर डिस्ट्रिक्ट, ईस्टर्न यू० पी०—1921-22।

सोना चमाइन का मिथक[1]

भोजपुर के गाँवों में सोना चमाइन का लोकमिथक प्रसिद्ध है। यह मिथक लोककथा में कहा और सुना जाता है। इस लोककथा को फूल कुँअरी देवी यूँ कहती हैं[2]—बात बहुत पुरानी है। सोना चमाइन नाम की एक डाइन थी। उसका नइहर रामपुर था, ससुराल सनदियाँ। उसने अपने इकलौते बेटे की बलि देकर डाइन सीखा था। उसमें अजब ताकत थी। वह आसमान को दो भागों में फाड़ देती थी। वह नदी को छू देती थी तो नदी सूख जाती थी। उसके मुँह से आग निकलती थी। वह रात को पेड़ हाँक कर जहाँ मन तहाँ ले जाती थी। उसकी एक खूबी थी, वह गाँव जेवार के लोगों को टोटका नहीं करती थी। प्रायः अमावस की रात को पेड़ हाँक कर पटना, दिल्ली, लखनऊ चली जाती थी और वहाँ अंग्रेज जरनेलों को टोटका कर आती थी। एक बार उसने पटना में ऐसा टोटका किया कि 'पिलेग मइया' अंग्रेज आबादी में फैल गयी। कई अंग्रेज परिवार देखते ही देखते मर गये।

वह दिन में कुछ नहीं खाती थी। रात में पेड़ हाँक कर कब्रिस्तान चली जाती थी। वहीं पर मृत जरनैलों की लाश निकालकर उनका मांस खाती थी जिस मेम को उसकी नजर लग जाती थी उसका कोख जल जाता था। उसे लोगों ने रात को नील के खेतों में न जाने क्या-क्या टोटका करते देखा था। एक दिन की बात है अंग्रेजों ने पूरा लाव-लश्कर लेकर उसका घर घेर लिया। तोप-बन्दूकों से उसपर गोला चलाने लगे। वे घेरा डाले रहे और हहा-हहा कर हँसती सोना चमाइन सबकी आँखों के सामने ही आसमान में उड़ गई।

परमेसुर डिहवार का मिथक :[3]

पीरों[4] के आस-पास कहे-सुने जाने वाली लोककथाओं एवं गाये जाने वाले लोकगीतों में परमेसुर डिहवार का वर्णन मिलता है। 'डिहवार' गाँव के

---

1. सोना चमाइन की कथा—ओरल फॉक स्टोरीज-वोल्यूम-1 में ध्वन्यांकित-संकलन : बद्री नारायण तिवारी ।
2. फूल कुँअरी देवी से सोना चमाइन की कथा ध्वन्यांकित की गई है।
3. परमेसुर डिहवार की कथा—ओरल फॉक स्टोरीज वोल्यूम-1 में ध्वन्यांकित-संकलन : बद्री नाराण तिवारी।
4. पीरो—भोजपुर बिहार का एक कस्बा ।

सीवान पर स्थापित एक देवता होता है जो गाँव की आन्तरिक एवं बाह्य विपत्तियों से रक्षा करता है। गाँव के सीवान पर उसका चौरा होता है। परमेसुर डिहवार का चौरा भीसंसा गाँव के सीवान पर बंधा है। गाँव के लोगों के मन में परमेसुर डिहवार एक ऐसी दैवी शक्ति के रूप में स्थापित है जो गाँव की अंग्रेजी काल में दमन से चामत्कारिक रूप से रक्षा करते थे। उनकी शक्ति से वहाँ से गुजरने वाले अंग्रेज सिपाहियों के पाँव धरती में सट जाते थे, छूटते ही नहीं थे। वे क्षेत्र के सीवान में जहाँ कहीं भी अपनी बन्दूकें रखते थे, वहाँ से उठती ही नहीं थीं, धरती मइया उन्हें जमका लेती थीं। उनके कैम्प में 'हइजा' फैल जाता था। गाँव से कर वसूल ले जाने वाले जैसे ही सीवान पर पहुँचते थे, संकलित करों में आग लग जाती थी। बही-खाता एवं पैसे सब जलकर खाक हो जाते थे। लोककथाओं में परमेसुर डिहवार को रामबरन दुसाध का पुत्र बताया गया है। वे अत्यन्त बलशाली थे। अपने अंकवार में भरकर पीपल का पेड़ उखाड़ लेते थे। इन्हीं लोक कथाओं से परमेसुर के मानव रूप के दैवीकरण की उपकथा भी प्राप्त होती है। परमेसुर अनपढ़ थे किन्तु उनमें अंग्रेजों के प्रति सख्त घृणा थी। तब उनकी उम्र 29-30 वर्ष की रही होगी, एक बार वे नहर पर घूम रहे थे, एक अंग्रेज अफसर घोड़े से कहीं जा रहा था, परमेसुर ने उसे पीछे से एक लाठी मारा और गाँव में भाग आये। फिर अंग्रेजों ने पूरा गाँव घेर कर उन्हें पकड़ लिया तथा घोड़ों की टापों के नीचे कुचल-कुचल कर उन्हें मार डाला। एक रात उन्होंने गाँव के मुखिया को सपना दिया कि मेंरा चौरा गाँव के सीवान पर बनाया जाए। मै अंग्रेजों से गाँव की रक्षा करूँगा।

ओझा जी का मिथक :[1]

ओझा जी का मिथक सोना चमाइन का पूरक मिथक है। ओझा जी का वर्णन आरा के आस-पास की लोककथाओं में मिलता है। ओझा जी बहुत भारी ओझा थे। उनके परिवार में कोई नहीं था। लोककथा के अनुसार उन दिनों कब्रिस्तान से निकलकर क्रिस्तान भूत आस-पास के लोगों को बहुत सताते थे। वे लोगों की भूख, दुख और विपत्ति होते थे। जब वे पकड़ते थे तो आदमी का सर फट जाता था और आदमी मर जाता था। गाँव की औरतें जब फर-फिराकत को जाती थीं तो कब्रिस्तान से निकल कब्रिस्तानी भूत उन्हें उठाकर ले भागते थे फिर कहीं बाग-बगीचे में उनकी लाशें

---

1. ओझा जी की कथा—ओरल फॉक स्टोरीज वोल्यूम-2 में ध्वन्यांकित।

मिलती थीं। ओझा जी ने क्रिस्तानी भूतों के लिए विशेष रूप से साधना की थी। वे सिर्फ उन्हीं से भागते थे। लोक कविता के अनुसार ओझा जी विभिन्न रूप धरकर लोगों की रक्षा करते थे। उनकी सलाह मानकर लोग रोज सुबह-शाम अपने दरवाजे पर आग में मिरची की बुकनी धौंकते थे। इसमें यह विश्वास निहित था कि इसकी गंध से क्रिस्तानी भूत पास नहीं फटकते।

इस तरह के मिथक ब्रिटिश उपनिवेशवाद के प्रति निम्न-निरक्षर जनता के प्रतिरोध के एक नये फार्म (स्वरूप) की तरफ इशारा करते हैं। इस नये स्वरूप में एक तरफ ब्रिटिस उपनिवेशवाद के प्रति घनघोर घृणा छिपी हुई है, दूसरी तरफ उपनिवेशवादी आतंक से अपनी रक्षा के लिए जनता द्वारा स्वयं अपने कवच के निर्माण कर लेने की क्षमता का आभास भी हमें होता है। ग्रामीण जनता के पास सोना चमाइन, परमेसुर डिहवार, ओझा जी इत्यादि न जाने कितने तरह के प्रतिरोध के विकल्प हैं। उसके पास प्रतिरोध की अभिव्यक्ति के लिए मात्र गाँधी का ही विकल्प नहीं है। गाँधी के बारे में अपने मन में अनेक मिथकों की रचना करने वाली जनता ने ही इन मिथकों की भी रचना की है। राष्ट्रीय आन्दोलन के गाँधीनुमा विकराल व्यक्तित्व की मिथकीय परिकल्पना करने के बाद लोकमन को इस तरह के डाइन, डिहवार एवं ओझा के मिथकीय रचना करने की आवश्यकता क्यों पड़ी? इससे पहला निष्कर्ष मैं यह निकालना चाहता हूँ कि लोकमन में प्रतिरोध की आग़ जितनी तीव्र थी, उसके मन में प्रतिरोध के ज़ितने रूप थे, उन सबका प्रतिनिधित्व वह गाँधी में नहीं पा रही थी। अर्थात् गाँधी के मिथक की रचना से उसे सन्तोष नहीं हुआ। इनसे जिस दूसरे परिणाम पर मैं पहुँचना चाहता हूँ वह यह है कि गाँधी के चमत्कारी रूप एवं उनके कार्य में जो दूरी थी, उसका आभास आम जनता को था। उसने इस खाई को भरने के लिए अनेक मिथक रचे। दूसरे शब्दों में गाँधी से जितनी उसकी आकांक्षा थी, वह पूरी नहीं हुई। ये मिथक कहीं न कहीं गाँधी के प्रति उसके मोहभंग की तरफ भी इशारा करते हैं। इनमें एक अन्य निहित परिणाम यह दिखाई पड़ता है कि गाँधी के अहिंसक रूप एवं निम्न जनता में बदला लेने की हिंसात्मक इच्छा के बीच का अन्तर्विरोध भी सोना चमाइन के मिथक को उत्पादित कर सकते हैं। ये मिथक राष्ट्रीय आन्दोलन की स्वीकृत एवं मुख्य धारा का थिरपन एवं आम जनता के मन में राष्ट्रवाद के स्वरूप की तीव्रता के गैप कौ रूपायित करते हैं। यदि दिखाई पड़ रहे

इन अन्तरों को हम एक दूसरे का पूरक भी मान लें तो यह लगता है कि राष्ट्रवाद के विभिन्न रूप अभी भी हमारे शोध की सीमा से बाहर हैं।

लोकमन द्वारा रचे गए इतने विस्फोटक एवं सक्रिय मिथक उसे गैर राजनीतिक एवं पीछे-पीछे चलने वाले की संज्ञा से विभूषित करने वालों के लिए एक गलत निष्कर्ष से निकल आने का सुन्दर अवसर देते हैं। इनको रचने वाले, इनको कहने वाले, इनको सुनने वाले कहीं न कहीं से राष्ट्रवादी चेतना के अंग थे। इस तरह की लोक कथाओं के अध्ययन से हम राष्ट्रीय आन्दोलन की गहराई नाप सकते हैं। ये मिथक ग्रामीण जनसंख्या के आभिजात्य वर्ग द्वारा न रचे गए होकर निम्न तबकों द्वारा रचे गए लगते हैं। क्योंकि 'सोना चमाइन' के चमत्कार एवं गौरवगान कोई उच्च तबके का लोक रचनाकार करे यह मनोवैज्ञानिक रूप से संभव नहीं लगता। परमेसुर डिहवार का नायकत्व एक दुसाध परिवार से जुड़े होने के कारण निश्चित रूप से अपने निम्न वर्ग से सम्बन्ध का प्रमाण प्रस्तुत करता है। यह भी हो सकता है कि गाँधी के आभिजात्य मिथक की रचना उच्चवर्गीय किसान तबके ने की हो एवं सोना चमाइन, परमेसुर डिहवार एवं ओझा जी की रचना निम्न वर्गीय जनता ने की हो, खैर दोनों तरह के मिथक हर परिवार में कहे और सुने जाते हैं। इसलिए यह अन्तर अपने क्रियात्मक स्वरूप में विलीन हो एक हो जाते हैं एवं राष्ट्रीय चेतना की विभिन्नता एवं उपनिवेशवाद के विरोध में उसकी एकता के भी परिचायक हैं।

इससे यह साफ जाहिर होता है कि जनता के मन में 'राष्ट्रवाद के रूप एवं विकल्प की बहुलता' के दर्शन पर चले बिना हम शोध की नयी संभावनाएँ नहीं तलाश सकते हैं। इस 'रूप एवं विकल्प की बहुलता' की खोज में भाषा एवं साहित्य इतिहास के अक्षुण्ण स्रोत सामग्री के रूप में हमारी मदद कर सकते हैं।

जिस प्रकार भाषा एवं साहित्य को नये रूपों में देखने की आवश्यकता है उसी प्रकार राष्ट्रवाद एवं राष्ट्रीयता के विकास की पारम्परिक अवधारणा से भिन्न नये रूपों को भी पहचानने की आवश्यकता है। इस पहचान के क्रम में हम हिचकिचाहट तो रख सकते हैं किन्तु इन्हें नकारना या अनदेखा करना कहीं न कहीं हमें इतिहास की मूल आत्मा से दूर करता जायेगा।

●●●

हिन्दी साहित्य में आभिजात्य एवं लोक के सम्बन्धों का अध्ययन– (1857–1920)

प्रसिद्ध मानवशास्त्री रॉबर्ट रेडफिल्ड संस्कृति के सम्बन्ध में जिसे 'ग्रेट ट्रेडिशन' तथा 'लिटल ट्रेडिशन' कहते हैं, नामवरसिंह अपनी पुस्तक 'दूसरी परम्परा की खोज' में उन्हीं प्रवृत्तियों के प्रतिनिधित्व के लिए शास्त्र और लोक[1] का प्रयोग करते हैं। शास्त्र और लोक संस्कृति, साहित्य, राजनीति के क्षेत्र में हमेशा विद्यमान रहती है लेकिन कई बार शास्त्र के सामाजिक, राजनीतिक, दबाव में लोक को नकार दिया जाता है। शास्त्र और लोक का रिश्ता द्वन्द्वात्मक है जिनमें कभी संघर्ष होता है, कभी संपर्क ।1857 ई० के बाद हिन्दी साहित्य में घटित हो रही गतिविधियों के लिए मैं भी शास्त्र और लोक की द्वन्द्वात्मकता सम्बन्धी अवधारणा का प्रयोग करनां चाहता हूँ, इसमें सफलता भी मिल सकती है, असफलंता भी!

शास्त्र से हमारा यहाँ तात्पर्य शास्त्र की पूरी संस्था से नहीं है, बल्कि शास्त्र की गतिमान, जीवंत तथा द्वन्द्वमान, विकासमान उन शक्तियों से है जो सृष्टि, समाज, संस्कृति, साहित्य के निर्माण में महत्त्वपूर्ण भूमिका निभा रही हैं। शास्त्र के उन तत्त्वों से हमारा कम सम्बन्ध है जो रूढ़ हैं, मृतमान हैं। यहाँ पर प्रयुक्त शास्त्र निरन्तर प्रतिक्रिया तथा संसर्ग की प्रक्रिया से गुजर रहा है। जो सदैव त्याज्य नहीं है, अपनी द्वन्द्वात्मकता एवं अपने में निहित अन्तर्विरोधों के कारण वह प्रगतिशील भूमिका में भी दिखलायी पड़ता है।

---

1. नामवर सिंह, दूसरी परम्परा की खोज में संकलित भारतीय साहित्य की प्राणधारा और लोकधर्म, प्रष्ठ 2।

लोक से हमारे तात्पर्य की सीमा है, क्योंकि लोक के सम्बन्ध में सूचना स्रोतों का फिलहाल अभाव है। जहाँ लोक से हमारा तात्पर्य तत्कालीन लोक के प्रतिनिधि प्रवृत्तियों से एवं वर्गों से है यूँ कहें कि तत्कालीन लोक के नेतृत्व से 'जिसकी जानकारी फिलहाल हमें हो पायी है' हमारे अध्ययन का मुख्य पक्ष है। कोई इन्हें लोक का आभिजात्य तत्त्व कह सकता है। लेकिन इससे हमारे अध्ययन की प्रक्रिया में कोई विखण्डन नहीं आता।

1857 ई० के बाद हिन्दी साहित्य हिन्दी क्षेत्र तथा आधुनिक सांस्कृतिक इतिहास में एक महत्त्वपूर्ण घटना घटित होती[1] है—वह है हिन्दी पुनर्जागरण की घटना! सामाजिक इतिहास के छात्र के रूप में हमारा उद्देश्य मुख्यतः हिन्दी पुनर्जागरण की सामाजिक व्याख्या करना है। इस सम्बन्ध में सबसे पहला प्रश्न उठता है—हिन्दी पुनर्जागरण के नेताओं का सामाजिक आधार क्या था? हिन्दी साहित्य के इतिहासकार जिन साहित्यिक व्यक्तियों भारतेन्दु, प्रेमघन, प्रतापनारायण मिश्र, बालमुकुन्द गुप्त को हिन्दी पुनर्जागरण का प्रतिनिधि मानते हैं, वे प्रायः सम्भ्रान्त एवं शिष्ट परिवारों से आये थे। 'भारतेन्दु काल के अनेक और स्वयं भारतेन्दु भी धनकुबेर रहे। भारतेन्दु की फर्म का नाम था—हरिश्चन्द्र एण्ड ब्रदर्स बैंकर्स एण्ड ज्वेलर्स'।[2] इन नेताओं के पारिवारिक आधार की समुचित सांख्यिकी के अभाव में थोड़ी छूट लेते हुए कहा जा सकता है कि इसके ज्यादातर नेता आभिजात्य वर्गीय कुलीन मानसिकता के थे।

हिन्दी पुनर्जागरण के समय की भूमिका एवं भविष्य अंग्रेजी साम्राज्यवाद के विरुद्ध के उठान का था। 1843, 1446, 149, 1857 तथा 1857 के बाद किसान विद्रोहों का उभार इस मान्यता को सत्य साबित करता है। यह समय 'चेतना' का 'संगठन' में रूपांतरण का समय भी था जिसके फलस्वरूप भारतीय राजनीति के क्षेत्र में 1837 ई० में 'लैंड होल्डर्स सोसाइटी' 1843 ई० में सामान्य सार्वजनिक हितों की रक्षा करने तथा साधने के लिए 'बंगाल ब्रिटिश इंडियन सोसाइटी', 1852 ई० में ब्रिटिश इण्डिया सोसाइटी', 'सोसाइटी फार जनरल नॉलेज' इत्यादि

---

1. आलोचना,79 में प्रकाशित डॉ० रमेश कुन्तल मेघ का लेख 'भारतेन्दु हरिश्चन्द्र और कुछ उपनिवेशीय सवाल' पृष्ठ 38।
2. आलोचना,79 में प्रकाशित डॉ० रमेश कुन्तल मेघ का लेख 'भारतेन्दु हरिश्चन्द्र और कुछ उपनिवेशीय सवाल' पृष्ठ 38।

संस्थाओं का निर्माण हुआ।[1] इस प्रक्रिया की गुणात्मक परिणति 1885 ई० में कांग्रेस के निर्माण में हुई। थोड़े शब्दों में कहें तो यह 'लोकदबाव का काल था। इसी लोक के दबाव के परिणामस्वरूप शास्त्रीय वर्ग के प्रतिनिधि लोक को अपनाने के लिए आगे बढ़ते हैं। हिन्दी पुनर्जागरण के साहित्य में कुल और वर्ग का, वर्ग एवं सम्प्रदाय का, महाजनी धन एवं सनातनी रूढ़ियों के पोषण का प्रयास नहीं दिखलाई पड़ता। इसमें नारी और शूद्रों का पक्ष लिया गया।[2] फार्म के स्तर पर भी लोक के फार्म को अपनाया गया। भारतेन्दु मण्डली ने लोकगीत तो लिखे ही, लोक छन्दों में लोक संगीत में कविताएँ लिखीं। भारतेन्दु ने 'अंधेर नगरी' की तरह का कान्टेन्ट एवं फार्म, दोनों स्तर पर जनोन्मुख नाटक लिखे। यह लोक के पूर्ण स्वीकार का काल था। उपनिवेशवाद के विरुद्ध संघर्ष करने के लिए शास्त्र की मजबूरी थी लोक को साथ लेना। समाज सुधार आन्दोलनों ने शास्त्र और लोक को करीब लाने में महत्त्वपूर्ण भूमिका निभायी। लोक के मन में शास्त्र के प्रति हीनग्रंथि (इंफीरिआरिटी कॉम्पलेक्स) का भाव होता है। एक तरफ वह शास्त्र के विरुद्ध होता है तो दूसरी तरफ शास्त्र के प्रति आकर्षित भी रहता है। अतः शास्त्र जब लोक को अपनाने के लिए दो कदम बढ़ता है, लोक दौड़ा-दौड़ा आकर उसके गले लग जाता है। यही 'सांस्कृतिक संघटना' उपनिवेशवादी काल में देखने को मिलती है। उपनिवेशवादी चुनौतियों का मुकाबला करने के लिए शास्त्र की मजबूरी हो गई थी, लोक को साथ लाना। पुनर्जागरण आन्दोलन, समाज सुधार आन्दोलन इत्यादि शास्त्र को लोक से जोड़ने वाले आन्दोलन भी थे। शास्त्र के भीतर निहित '(सर्वोच्च संप्रभु) की उदारता की भावना' ने भी उन्हें लोक की तरफ जाने का मनोवैज्ञानिक आधार प्रदान किया। यहाँ उपनिवेशवादी चेतना के विरुद्ध शास्त्र और लोक की लोकतान्त्रिक रचनात्मक चेतना ऐक्यबद्ध होती है। इसीलिए हिन्दी पुनर्जागरण के समुचित अध्ययन के लिए शास्त्रीय वर्गों द्वारा रचित साहित्य के अतिरिक्त निम्न वर्ग लोक द्वारा रचित साहित्य, साहित्यिक केन्द्रों में रचित साहित्य के अतिरिक्त छोटे कस्बों तथा गाँवों में रचित साहित्य (लोक गीतों, मुहावरों, मिथकों, नौटंकियों के रूप में) का अध्ययन करना होगा। आभिजात्य वर्ग की भावनाओं को तो

1. आधुनिक भारत, विपनचन्द्र, पृष्ठ 164।
2. आलोचना 79, वही', डॉ० रमेश कुन्तल मेघ।

तत्कालीन प्रेस, पत्रिकाएँ, रेकार्ड कर रही थीं, किन्तु निम्न वर्गों, ग्रामीणों तथा लोक की भावनाओं को रेकार्ड करने के लिए उस समय क्या था? किन्तु यदि हिन्दी पुनर्जागरण को मात्र स्वीकृत, स्थापित हिन्दी भाषा का पुनर्जागरण मान लिया जाए तो इस कठिनाई से आसानी से कन्धा झटका जा सकता है।

इतिहासकारों के मध्य एक छद्‌म चेतना विद्यमान है कि हिन्दी में पुनर्जागरण की चेतना मात्र शहरी आभिजात्य वर्ग के बीच ही सिमट कर रह गयी थी। लोक पुनर्जागरण का एक उदाहरण देखिए—रेलवे का विस्तार भारत में 1853 से प्रारम्भ हुआ तो उसका सबसे ज्यादा विरोध ग्रामीण चेतना में हुआ, क्योंकि उसने भारतीय ग्रामीण व्यवस्था को छिन्न-भिन्न करने में महत्त्वपूर्ण भूमिका निभायी। किन्तु लोक के भीतर निहित पुनर्जागरण-कालीन आधुनिक चेतना के फलस्वरूप भोजपुरी क्षेत्रों में एक लोक गीत की रचना हुई—

'रेलिया न बैरी, जहाजिया न बैरी
से पइसवा बैरि ना
मोर सैया के बिलमावे से पइसवा बैरी ना'

ऐतिहासिक शोधों द्वारा यह धीरे-धीरे प्रकाश में आने लगा है कि जिस समय भारतेन्दु वगैरह बनारस तथा अन्य शहरों में साहित्य रचना कर रहे थे, उसी समय विभिन्न क्षेत्रों में पुनर्जागरण की चेतना से लैस अनेक संतनुमा समाज-सुधारक व्यक्तित्व कार्यरत थे जो स्वाभाविक रूप से कवि थे।[1]

हिन्दी पुनर्जागरण की चेतना भी एकांगी न होकर बुहुविध है, इसके एक रूप न होकर सहस्र रूप हैं। इस चेतना में विभिन्न स्तर हैं, इस चेतना के भीतर भी अनेक अन्तर्विरोध हैं। चेतना के भीतर उपचेतना है और इन उपचेतनाओं में परस्पर विरोध भी है। आधुनिकता को साधने के सबके अपने-अपने रास्ते हैं, किन्तु साहित्य के इतिहासकारों के द्वारा अभी तक पुनर्जागरण की वह आभिजात्य चेतना ही प्रकाश में आई है जिसका लोक से तादात्म्य है। वह प्रक्रिया जिसके द्वारा उस विशेष कालखण्ड में लोक शास्त्र से सम्पर्क करता है, प्रकाश में आना बाकी है। लोक को

---

1. ई० पी० थॉमस, जर्नल ऑफ फॉकलोर', वीस्कान्टीन यूनिवर्सिटी में प्रकाशित लेख 'माडर्निटी एण्ड चैलेंज' में।

अविकसित, अर्द्धविकसित तथा तत्कालीन आधुनिकता की प्रतिक्रिया से हीन कहकर तज देना ठीक नहीं है, आधुनिकता पर निचले तबके की प्रतिक्रिया करने के ढ़ंग पर भी अध्ययन होना चाहिए, नहीं तो हम हिन्दी पुनर्जागरण की लंगड़ी अवधारणा लेकर जीवित रहेंगे।

भारतेन्दु तथा पूरा हिन्दी पुनर्जागरण जिस लोक से तादात्म्य स्थापित कर रहा था, वह कौन-सा लोक था। इस सम्बन्ध में सेन्ड्राफ्रिटैगा[1] द्वारा किया गया अध्ययन अत्यन्त महत्वपूर्ण है। इससे स्पष्ट होता है कि भारतेन्दु की रुचियाँ लोक के आभिजात्य के प्रति ही हैं। स्वाँग जो कि निचले तबके की भावाभिव्यक्ति का सक्षम फॉर्म है, के प्रति भारतेन्दु आलोचनात्मक रुख रखते हैं, उसे पसन्द नहीं करते।

शास्त्र एवं लोक के ताल-मेल के काल में भी लोक के भीतर एक स्वतःस्फूर्त चेतना स्वाभाविक रूप से सक्रिय रहती है जो उसमें समय और दूरी के अनुपात में शास्त्र के प्रति आलोचनात्मकता की प्रवृत्ति बनाए रखती है। 20वीं शताब्दी के प्रारम्भ में द्विवेदी युग के रूप में उभरे साहित्यिक आन्दोलन में जब कविता में छन्द, व्याकरण, शुद्धि, अशुद्धि लोक शब्दों की जगह हिन्दी के क्लिष्ट शब्दों के प्रयोग इत्यादि अभिजात एवं शास्त्रीय उपकरणों पर अत्यधिक जोर दिया जाने लगा तो शास्त्र और लोक के बीच खाई बढ़ी। अन्तर्विरोध तेज हुआ तो लोक को यह महसूस हुआ कि शास्त्र न तो उसकी इयत्ता को स्वीकार करता है, न ही उसके हितों के लिए संघर्ष करना चाहता है। ऐसे में लोक का शास्त्र से मोहभंग हुआ। इस मोहभंग का प्रतिनिधित्व राष्ट्रीय राजंनीति में स्वामी सहजानन्द सरस्वती, बाबा रामचन्द्र, झिंगुरी पासी इत्यादि करते हैं। इसी मोहभंग की रचनात्मक क्षेत्र में अभिव्यक्ति लोककवियों के उद्‌भव के रूप में होती है। 1920 के बाद अनेक लोक भाषाओं में अनेक क्षेत्रीय कवियों का उभार हुआ जिन्होंने अपने क्षेत्र में सर्वाधिक लोकप्रियता पायी। चूँकि ये कवि सामान्य जन के मन की भावनाओं की, उनका क्रिया-प्रतिक्रियाओं की अत्यन्त ईमानदार अभिव्यक्ति दे रहे थे, इसीलिए इनका जनाधार अत्यन्त मजबूत था। इनकी इसी ख्याति के कारण कांग्रेस के क्षेत्रीय नेता इनके सामने बार-बार झुकने के लिए मजबूर होते थे। 1929 में स्थानीय कार्यकर्ता आरा, उसके भी दो प्रखण्ड के एक रामनिझावन पाण्डेय द्वारा अपने जिला मंत्री को लिखे एक

1. स।न्ड्राफ्रिटैगा की पुस्तक 'कल्चर एन्ड पावर'।

पत्र से इन लोककवियों का दबाव स्पष्ट होता है। 'मंत्री जी! कवि कैलास के रिस के कम करही पड़ी। उनका के नाराज करके राजेन्द्र बाबू के सभा हमनी के इहाँ ठीक से नइखीं जा करा सकत। एने सभा शुरू होई ओने ऊ सभा के दोसरा तरफ खंझड़ी लेके गीत गावे लगीहें सब भीड़ ओसही चल जाई।[1]

लोक के शास्त्र के विरुद्ध इस उभार का अध्ययन करने के लिए भोजपुरी भाषा के प्रमुख लोक कलाकार भिखारी ठाकुर का साहित्य एक प्रमुख उपादान है। लोक कलाकार भिखारी ठाकुर (1887-1971) ने लोककाव्यात्मक शैली में अनेक नाटक लिखे हैं जिनमें बिदेसिया, भाई विरोध, बेटी वियोग, कलियुग प्रेम, राधेश्याम बहार इत्यादि प्रमुख हैं। इनके अतिरिक्त भिखारी ठाकुर के अनेक संकलित नाटक एवं गीत हैं जो आज भी भोजपुरी क्षेत्र में नाच पार्टियों द्वारा गाये एवं मंचित किये जाते हैं। इन नाटकों की कथावस्तु, संवाद, इनमें प्रयुक्त कवि एवं गीत तत्कालीन हिन्दी की स्वीकृत कविता के लिएं एक चुनौती है। भिखारी ठाकुर की रचनाओं के अध्ययन से स्पष्ट होता है कि उनमें भारतीय राष्ट्रवाद पर उपनिवेशवाद द्वारा खड़ा किए गए राजनीतिक, आर्थिक तथा सांस्कृतिक तीनों चुनौतियों के मुकाबले का माद्दा एवं चेतना मौजूद है जबकि 1920 के बाद की स्वीकृत हिन्दी कविता अपने को मात्र राजनीतिक तथा सांस्कृतिक चुनौतियों की ही आलोचनात्मकता तक सीमित रखती है। भिखारी ठाकुर में भारतीय गाँव-जीवन के आर्थिक अपवाय की दर्दनाक गाथा है। पुलिस दमन, सामाजिक विसंगतियाँ नये आर्थिक दबावों से सामाजिक सम्बन्धों के टूटन की जितनी सूक्ष्म एवं वैज्ञानिक समझ भिखारी ठाकुर के साहित्य में मिलती है, उतना तत्कालीन अभिजात, स्वीकृत तथा शिक्षित रचनाकारों की रचनाओं में नहीं दिखाई पड़ती। गवनेहरी पत्नी को छोड़कर पति नौकरी करने विदेश चला जाता है। औपनिवेशिक आर्थिक दबाव नवविवाहिता से उसके पति का सुख छीन लेता है। वह अपने पिया को 'बिदेसिया'[2] कहकर लांछन देती है। लोकमन में विदेश का मतलब

---

1. शहीद भवन, भोजपुर स्वाधीनता संग्राम कार्यालय में कांग्रेस कार्यकर्ता श्री रामनिझावन पाण्डेय का जिलामंत्री शाहाबाद को 3-2-1921 को लिखा पत्र।
2. भिखारी ठाकुर ग्रन्थावली, पहला खण्ड, सम्पादित शिलानाथ ठाकुर तथा गौरीशंकर ठाकुर।

कलकत्ता, बम्बई, आदि दूरस्थ प्रदेशों से था। इस नाटक के सम्बन्ध में बिदेसिया के मिथक की कई व्याख्याएँ हैं— बिदेसिया वास्तव में झूठ बोलता है, आने को कह नहीं आता, धोखेबाज है, छली है, सताता है, आदि-आदि यहाँ पर बिदेसिया के मिथक के माध्यम से अंग्रेजी औपनिवेशिक सत्ता के विरुद्ध उपालंभ को भी लक्षित किया जा सकता है। इससे स्पष्ट होता है कि इन लोक रचनाकारों के भीतर निहित स्वतःस्फूर्त चेतना उन्हें ज्यादा ईमानदारी से अंग्रेजी उपनिवेशवाद के विरुद्ध रचनात्मक लड़ाई लड़ने को बाध्य कर रही थी।

यह शास्त्र और लोक के बीच का द्वन्द्व, स्वतन्त्रता के बाद की कविता, साहित्य एवं इतिहास में भी मौजूद है। इन दोनों के मध्य संघर्ष एवं संपर्क का अध्ययन करना रुचिकर है। किन्तु इसके लिए शास्त्र एवं लोक की लगातार बदलती जा रही जटिल से जटिलतम होती जा रही अवधारणा के प्रति सदैव सचेत रहकर अध्ययन करना होगा, नहीं तो अचधारणाबद्ध होकर खूद के शास्त्र बन जानें का खतरा सदैव हमारे समक्ष मौजूद है।

●●●

किसान प्रतिरोध, किसान चेतना और मिथक

(स्वामी सहजानन्द का विशेष संदर्भ)

औपनिवेशिक समाज में किसानों के लोकप्रिय प्रतिरोधों का अध्ययन आधुनिक इतिहासकारों के लिए अत्यन्त आकर्षण का विषय रहा है। भिन्न-भिन्न इतिहासकारों ने भिन्न-भिन्न प्रकार से लोकप्रिय प्रतिरोधों के स्वरूपों के अध्ययन करने का विद्वत्तापूर्ण प्रयास किया है।

रणजीत गुहा ने औपनिवेशिक भारत में विद्रोहों एवं किसान प्रतिरोधों के स्वरूप का परीक्षण कर उसके कुछ प्रारम्भिक पक्षों को पहचानने का सार्थक प्रयास किया है।[1]

दूसरे संदर्भों में ठोस आर्थिक आधारों पर महाजनी, भूपतित्ववाद एवं कृषि के व्यवसायीकरण के परिणामस्वरूप हुए कृषक उभारों के अध्ययन का प्रयास माजिद सिद्दीकी एवं कपिल कुमार ने किया है।[2] इन सबसे एकदम भिन्न परिदृश्य पर कुछ इतिहासकरों ने किसान विद्रोहों का अध्ययन सामाजिक, धार्मिक सुधार आन्दोलनों के हस्तक्षेप के परिणामस्वरूप तत्कालीन समाज में उभर रहे सामुदायिक चेतना के संदर्भ में करने का प्रयास किया है।[3]

---

1. रणजीत गुहा, एलीमेन्ट्री ऑस्पेक्ट ऑफ पिजेन्ट इनसर्जेन्सी इन कॉलोनियल इण्डिया (ओ० यू० पी० दिल्ली 1983)।
2. कपिल कुमार, किसान विद्रोह-कांग्रेस और अंग्रेजी राज्य (अवध 1886-1922) मनोहर, दिल्ली 1991।
3. इस संदर्भ में ज्ञानेन्द्र पाण्डेय का शोध कार्य, पिजेन्ट रिवोल्ट एण्ड इण्डिया नेशनलिज्म : द पिजेन्ट मूवमेन्ट इन अवध 1991-1922—सबॉल्टर्न-1 (ओ० यू० पी०) तथा इनके अन्य शोध कार्य।

किन्तु ये सारे अध्ययन मूलतः संग्रहालीय एवं लिखित स्रोतों पर आधारित हैं। इस पत्र में हम किसानों के मध्य प्रतिरोधी चेतना के विकास और प्रतिरोधक ढाँचों का लोक संस्कृति एवं लोक-परम्परा के व्यापक संदर्भ में रखकर करना चाहते हैं। कृषक चेतना में प्रवेश पाना एक कठिन समस्या है। फ्रांसीसी समाज में इसी चुनौती का सामना करते हुए फ्रांसीसी इतिहासकार इवेजिन वेबर अपने नवीन शोध कार्य (पिजेन्ट्स इन फ्रेंचमेन) में किसान चेतना में प्रवेश के लिए गीत, नृत्य, मुहावरा, कहावतें, ग्रामीण समाज के लोक-चित्रों का अध्ययन आवश्यक मानते हैं।[1] हमने कृषक चेतना के लिए भोजपुरी क्षेत्रों में प्रचलित लोक गीतों, मुहावरों, कहावतों एवं राष्ट्रीय आन्दोलन से सम्बन्धित जनस्मृतियों को आधार बनाया है। इसमें कृषक चेतना में मिथक का पक्ष उटाया गया है। कृषक चेतना में मिथकों (पुराणों), कल्पनाओं, स्मृतियों की निर्णायक भूमिका होती है। हमें औपनिवेशिक भारतीय समाज की कृषक चेतना में मिथक के लिए यूरोपीय एवं अफ्रीकी देशों की आदिम समाज में हुए समाज शास्त्रीय अध्ययनों से भिन्न नये उपादान विकसित करने होंगे। किसान चेतना में मिथक में एक तरफ जो है 'उसके प्रति प्रतिक्रिया एवं प्रतिरोध की अनुगूँज है' दूसरी तरफ 'जो होना चाहिए' उसकी कामना का रेखाचित्र, आशाएँ, आकांक्षायें, चाह एवं सपनों का अवचेतन में निर्मित रूप है। इस अनखोदे भण्डार को निकालकर एवं इनका विश्लेषण कर हम कृषक वर्ग की क्रान्तिकारिता एवं स्वतः स्फूर्तता को समझ सकते हैं।

इस अध्ययन के लिए मुझे मूलतः मौखिक स्रोतों भोजपुरी एवं मगही लोक गीतों, लोक मुहावरों, कहावतों, क्षेत्र अध्ययन से प्राप्त स्वामीजी के साथियों की स्मृतियों के ध्वन्यांकन, स्वामीजी के समकालीन एवं राजनीतिक सहयोगी उमानाथ शर्मा की डायरी इत्यादि पर निर्भर रहना पड़ा है। अब तक स्वमी सहजानन्द को लेकर जितने भी अध्ययन हुए हैं वे सभी स्वामीजी की दृष्टि से किसान चेतना को समझने का प्रयास है। अब तक किसान की दृष्टि से स्वामीजी को समझने का प्रयास न के बराबर हुआ है। इसलिये स्वामीजी पर अब तक हुए अध्ययनों ने मुझे इस कार्य में कोई खास सहयोग नहीं दिया है। पुनः संग्रहालीय स्रोतों से घटनाओं कों

---

1. इवेजिन वेबर, पिजेन्ट्स इनटु फ्रेन्चमैन, द माडर्नाइजेशन ऑफ मार्डन फ्रेंच (1870 से 1914) स्टेनफोर्ड, स्टैनफोर्ड यूनि० प्रेस।

समझने में तो सहायता मिलती है। उस घटना के निर्माण की प्रक्रिया को समझने के लिए मौखिक स्रोतों द्वारा प्राप्त लोकायन ही प्रमुख माध्यम हो सकते हैं। औपनिवेशिक समाज में वैकल्पिक कृषक संस्कृति को समझे बिना हम औपरिनवेशिक काल का पूर्ण इतिहास नहीं रच सकते।[1]

स्वामीजी के मिथक का विकास मूलतः पूर्वी उत्तर प्रदेश एवं उससे एकदम सटे उत्तरी बिहार के क्षेत्रों में हुआ है। ज्ञातव्य है कि यही क्षेत्र औपनिवेशिक काल में मूल रूप से स्वामीजी की राजनीति के प्रयोगशाला के रूप में विकसित हुए थे।

सांस्कृतिक रूप से इस सम्पूर्ण क्षेत्र में भोजपुरी एवं मगही दो लोक संस्कृतियाँ अपने सम्पन्न लोकायनों के साथ सक्रिय हैं। यहाँ का आर्थिक सन्दर्भ अत्यन्त जटिल एवं तनावपूर्ण रहा है। इसके मूल में 1793 ई० के बाद पैदा हुआ सामन्त वर्ग है जो यहाँ के सामाजिक ढाँचे का केन्द्र है।

सामन्ती दमन, गरीबी, अशिक्षा, पिछड़ेपन तथा राष्ट्रवादी आन्दोलन की मुख्यधारा से सीधा एवं सम्मानित सम्बन्ध न होने के कारण सच्चाई को मिथकीकृत करने की प्रवृत्ति का विकास कर यहाँ के लोकमानस ने अपनी क्रान्तिकारिता की तुष्टि की है।

स्वामीजी इन क्षेत्रों के अपने आदमी थे। अर्थात् यहाँ के लोकमन में इनके प्रति गहरा मोह था। यहाँ मिलने वाले उनके वर्णन से स्पष्ट होता है कि स्वामी सहजानन्द सरस्वती औपनिवेशिक काल में 'किसान नेता' के रूप में उभरे। लोकमन में स्वामीजी से 'किसान नेता' के रूप में इनके व्यक्तित्व एवं विचार का रूपान्तरण क्रमिक विकास के रूप में हुआ न कि छलांग के रूप में। 1889 ई० में महाशिवरात्रि के दिन उत्तर प्रदेश के गाजीपुर जिले के 'देवाग्राम' में इनका जन्म एक जुलोतिया ब्राह्मण परिवार में हुआ। 1907 में वे घर से भाग कर काशी में विधिवत रूप से स्वामी हुए। इस दौर में उन्होंने संन्यासी रूप धारण कर योग मार्ग से ईश्वर की प्राप्ति का प्रयास किया। इसमें असफल होकर उन्होंने शास्त्र ज्ञान का सहारा लिया एवं उसके द्वारा पुरोहितों के एकाधिकारवाद के खिलाफ लड़ने का मन बनाया। 1914 ई० में उन्होंने बलिया में भूमिहार ब्राह्मण सभा के अधिवेशन में शामिल होकर भाषण दिया। मेरा विनम्र आग्रह है कि इसे

---

1. स्वामी जी पर अब तक हुए शोध कार्यों में व० हाउजर का शोध कार्य, 'किसान सभा', ए० एन०, दास के बिहार पर शोध कार्य द्रष्टव्य हैं।

स्वामी जी के सोच में आधिभौतिकता से भौतिकता की तरफ महाप्रयाण का प्रस्थान बिन्दु मानना चाहिए न कि जातिवादी जुड़ाव। 1914 ई० के बाद स्वामी जी समाज सुधार आन्दोलनों की तरफ प्रवृत्त हुए। 1915 ई० में इनका उत्तरी बिहार में प्रवेश हुआ।

गाजीपुर में जन्में एवं बिहार में निवास करने के कारण स्वामी जी के जीवन की दैनिक घटनाएँ उपर्युक्त क्षेत्र के लोगों के सांस्कृतिक निर्माण में महत्वपूर्ण भूमिका अदा कर रही थीं तथा किंवदंतियों एवं लोक चर्चाओं का विषय बन रही थीं। दूसरे, इस क्षेत्र में नदियाँ हैं, नदियों के दियारे हैं और दियारों में मिथकों के विकास की प्रक्रिया अत्यन्त जादुई होती है। इन क्षेत्रों के लोकायनों के अध्ययन से साफ जाहिर होता है कि स्वामी जी इस क्षेत्र में कितने महत्वपूर्ण कारक थे। वे इस भू-भाग में न केवल राजनीतिक छवि के रूप में बल्कि एक सांस्कृतिक छवि के रूप में भी मौजूद थे।

1920 के आस-पास इस क्षेत्र की दमित अवचेतना में स्वमी जी का हौले-हौले प्रवेश होता है। ध्यातव्य है कि यही काल राष्ट्रीय राजनीतिक परिदृश्य पर क्षेत्रीय आन्दोलनों एवं अन्तर्राष्ट्रीय छवि के मिले-जुले रूप में गाँधी जी के उभरने का काल भी है। सीतारामाश्रम में रहना, भूमिहारों के सांस्कृतिकरण की लड़ाई लड़ना, बच्चों को शिक्षा देना, लोगों से खेती बघारी, माल-गुजारी आदि पर बातचीत कर लेना ही स्वामी जी की जीवनचर्या थी। उनकी छवि लोकमन में एक शुद्ध, पवित्र एवं ज्ञानी पुरुष की थी, जिसमें थोड़े ही दिनों के बाद परिवर्तन दिखलाई पड़ने लगता है। यह परिवर्तन स्थिर एवं चिन्तक बिम्ब का सक्रिय एवं जुझारू बिम्ब के रूप में होता है। सम्भवतः 1925 तक आते-आते यह जुझारूपन एक आकार ग्रहण कर लेता है। जब वे भूमिहीनों की लड़ाई से अपना संबंध जोड़ लेते हैं। यह लोकमन में बैठे स्वामी जी के बिम्ब का स्वाभाविक रूपान्तरण था और उनके मन में भूमि के प्रति बढ़ते जा रहे किसानी मोह की भी, जो तत्कालीन उपनिवेशवादी भू-नीतियों का प्रतिफलन तथा भूमि हित के लिए डंडा उठाकर खड़ा हो जाने के 'मिले-जुले कारणों' की सकर्मक अभिव्यक्ति थी। यह एक लोकगीत में इस तरह अभिव्यक्त हुआ है—

रात घरी मोर घर में घुसल चोर हे सामी जी
कोठी लूटल अंटारी लूटल, लूट गइले पोर पोर हे—सामी जी

इस गीत में औपनिवेशिक हाथों से हो रहे आर्थिक शोषण की व्यथा के साथ-साथ संस्कृति के क्षेत्र में हो रही लूट की भी अभिव्यक्ति है। पोर-

पोर लूटने का अर्थ है—जीवन का सब कुछ निचोड़ लेना। जिसमें 'सामी' जी निश्चित रूप से कुछ करेंगे, ऐसी आशा है। वस्तुतः यह स्वामी जी की 'इमेज' के संक्रमण का दौर था, जिसमें उनके प्रति एक संशयात्मक आशा की भावना का विकास लोकमन में हो रहा था।

मनेर बाजार में 1924 ई० में दशहरे के अवसर पर एक नाटक खेला गया था 'रतजगा'। उसमें एक जालिम जमींदार है जो किसी का बैल खोल लेता है, किसी की फसल काट लेता है और पुलिस उसका कुछ नहीं कर पा रही है, लेकिन दियारे की कुटी का एक वरिष्ठ साधू उसका गट्टा तोड़ देता है (उस नाटक में जमींदार की भूमिका निभा चुके उमा नाथ शर्मा, ग्राम—दतियाना, जिला-पटना की स्मृतियों पर आधारित)। इस नाटक में जालिम जमींदार का गट्टा तोड़ने वाला साधू कौन था? निश्चित रूप से इसको स्वामी जी के बिम्ब के साधुपन तथा गत्यात्मकता (जुझारूपन) दोनों की अभिव्यक्ति के रूप में देखा जा सकता है। साधुपन तथा जुझारूपन जनता के मन का अपना द्वन्द्व है जो एक तरफ अपने दुखों के निराकरण के लिये पवित्र धार्मिक गृहस्थ रूप का साधुकरण करती है तथा दूसरी तरफ अपने भीतर निहित प्रतिरोध की चेतना के प्रतिफलन के रूप में उसका जुझारूकरण करती है। ध्यातव्य है कि ठीक इस दौर में स्वामी जी भी भूमि मसलों को लेकर बड़ी लड़ाइयाँ लड़ रहे थे। यों तो इस समय स्वामी जी कांग्रेसी नीतियों के साथ थे जो एक लोकप्रिय नेता के रूप में एक तरफ उन्हें स्वीकृति देती थी तो दूसरी तरफ उनके लोकप्रिय आन्दोलन से अपना समर्थन वापस ले लेती थी। यह कांग्रेस के आभिजात्य चरित्र का परिचायक है जो स्वामी जी के जन चरित्र को पूर्णता में स्वीकार नहीं करती थी।

दियारे में एक कहावत प्रसिद्ध है, 'खा दूध, काम कर शुद्ध'। स्वामी जी के साथ रहे महेश यादव, ग्राम—रामपुर बताते हैं कि इस लोकोक्ति का प्रयोग स्वामी जी प्रायः किया करते थे।[1] वे इसका दुहरा प्रयोग करते थे—एक तरफ मीटिंगों में अपने साथियों के बीच और दूसरी तरफ व्यंग्यात्मक रूप में जिले के कांग्रेसी नेताओं के लिए, जो स्वामी जी की किसान नीतियों से इत्तेफाक नहीं रखते थे। धीरे-धीरे यह लोकोक्ति उनके पूरे कार्य क्षेत्र में फैल गई।

---

1. महेश यादव, ग्राम—रामपुर पटना, बिहार।

स्वामी जी अपने कार्य के लोगों के यहाँ सामाजिक, धार्मिक तथा व्यक्तिगत समारोहों में भाग लेते थे। यह एक तरह से स्वामी जी का जनता में तथा जनता का स्वामी जी में रच-बस जाने की प्रक्रिया थी। बच्चों का नामकरण किसानों के घर में इस काल में बड़ा महत्व रखता था। स्वामी जी बच्चों का नामकरण बहुत खुश होकर किया करते थे, यह एक तरह से उनके द्वारा प्रारम्भ की गयी सांस्कृतिक लड़ाई का ही एक आयाम था। एक लोकगीत है:

'सामी जी अइहें मोर गाँव, रखिहें मोर बचवा के नाम,
लड़ी उ लड़ाई अंग्रजवन से'

लोकगीत की इस पंक्ति में स्वामी जी के सांस्कृतिकरण से शुरू हुई लड़ाई के उपनिवेशवाद विरोधी रूपान्तरण का स्पष्ट चित्र मिलता है।

लोकमन में स्वामी जी भूमिहीनों के संरक्षक, गाँव के 'डिहवार' (वह पराशक्ति जो दुख और सुख दोनों में साथ देती है) के रूप में पैठ गये थे। उमानाथ शर्मा अपनी डायरी में लिखते हैं 'स्वामी जी मेरे गाँव के लोगों के लिए डिहवार की तरह हैं। मालगुजारी की लड़ाई के लिए स्वामी जी, बेटे के नामकरण के लिए स्वामी जी, जड़-बुखार, झाड़-फूँक के लिए स्वामी जी.... । स्वामी जी का डिहवार के रूप में देखा जाना एक तरफ तब तक उनके व्यक्तित्व के समूहीकरण तथा दूसरी तरफ पराशक्तियों से लैस होने का प्रतीक है, जो जनता के मन में सामान्य मानव से पूर्ण मानव के निर्माण की प्रक्रिया की वैचारिक व्याख्या न होने के कारण पराशक्ति का रूप धारण कर लेता है। परशक्ति भी ऐसी, जो दिन-रात गँवई जनता के सुखों-दुखों के करीब रहने वाला है। एक क्षेत्र में गाया जाने वाला एक गीत है:

पड़े सोअई अधी रतियाँ, पतई दुपहरिया हो राम,
कहवा से आवई एक जोगिया अलख जगावे हो राम।
बिहटा गइले बड़हिया, पटना नागरिया हो राम,
जाहु जाहु दिल्ली तुम जोगिया, अलख जगावहु हो राम।

(ओरल हिस्ट्री, कैसेट नं० 1 में ध्वन्यांकित)

लोक गीत में वर्णित यह योगी कौन है? कोई इसका विश्लेषण महात्मा गाँधी के रूप में कर लेता है। किन्तु महात्मा गाँधी की यात्रा निश्चित रूप से बिहटा, जड़हिया से होकर पटना नहीं जाती थी। ऐसे में

यह प्रतीक स्वामी जी का ही लगता है। ज्ञात हो कि उन्होंने बड़हिया टाल की प्रसिद्ध भूमि लड़ाई लड़ी थी। दिल्ली में जाकर अलख जगाने का आशय है नीचे तो जाग हो चुकी है, ऊपर के नेताओं को जगा लाओ। एक तरह से यह बड़े नेताओं—गाँधी, राजेन्द्र प्रसाद, सच्चिदानन्द सिन्हा इत्यादि के द्वारा भूमि हितों को अनदेखा किये जाने पर एक दर्दपूर्ण प्रतिरोधी प्रतिक्रिया है।

कुछ लोक गीतों में महात्मा गाँधी का बिम्ब भी पर्याप्त रूप में मिलता है, लेकिन उनके लिये प्रायः सन्त, साधु के प्रतीकों का प्रयोग किया गया है। लोक गीतों में गाँधी जी के लिए प्रयुक्त ये बिम्ब एक अभिजन बिम्ब (एलीट इमेज) हैं। किन्तु योगी का बिम्ब एक जन बिम्ब (मास इमेज) है जिसकी उत्पत्ति सामाजिक द्वन्द्वों का प्रतिफलन है लोकायनों में योगी के लोक बिम्ब की परम्परा संभवतः, सोरठ-बीरजा भार से शुरू होती है जिसकी वैचारिक आधार नाथ सम्प्रदाय एवं गोरखनाथ के वैचारिक दर्शन से सम्बद्ध है। 'योगी' सामाजिक द्वन्द्वों की उपज है जो रूढ़ हो गए सामाजिक बन्धनों को तोड़कर गाँव-गाँव घूमते हैं। इनके बिम्ब के ये दो तत्त्व—? रूढ़ियों का निर्मम रूप से ध्वंस और (2) जनोन्मुखता, इसे सामाजिक जीवन्तता प्रदान करते हैं जो निश्चित रूप से लोक समाज विज्ञान में सन्त के बिम्ब से ज्यादा प्रगतिशील एवं सक्रिय बिम्ब है। योगी के बिम्ब में उपनिवेशवादी युग में एक नया बदलाव आता है, उसमें एक नये एवं तीसरे तत्व 'राजनीतिक चेतना' का जुड़ाव होता है। असहयोग आन्दोलन (1919) के बाद के लोक गीतों में तो योगी का बिम्ब व्यापक रूप से प्रयुक्त होता है। यह बिम्ब निश्चित रूप से गाँधी के लिए न होकर स्वामी जी तथा क्षेत्रीय स्तर पर उन्हीं की तरह उभर रहे नेताओं के लिये प्रयुक्त हुआ होगा। विभिन्न भाषाओं को लें तो एक समय में विभिन्न लोक भाषाओं में रचित साहित्य की मूल अन्तर्वस्तु लगभग एक-सी होती है क्योंकि सामाजिक रचनाशास्त्र भी सामाजिक-राजनीतिक अर्थशास्त्र का सह उत्पादन है। यह हो सकता है उनमें सामाजिक चेतना के उभार का पैमाना भिन्न-भिन्न हो। स्वामी जी के लिए बहुत स्पष्ट ढंग से योगी के बिम्ब का प्रयोग हुआ है तथा चित्र खींचते समय उन्हें जोगिया पोशाक में बताया गया है।

लोक चेतना में हो रहे बदलाव को इस रूप में भी देखा जा सकता है। एक लोक गीत में नायिका अपने पिया से 'कुसुम रंग चुनरी' रंगाने को

कहती है जो कोमलता एवं सुख-सौन्दर्य का रंग है। किन्तु अपने पिया को वह जोगिया रंग में देखना चाहती है। जोगिया रंग संघर्ष एवं जुझारूपन का रंग है। फिर योगी लोकायनों में अलख जगाने वाले के रूप में आता है, जो सामाजिक चेतना को जागृत करने वाला प्रतीक है।

महेश यादव एक लोक विश्वास की घटना सुनाते हैं : 'एक बार पूरे दियारे क्षेत्र में गोरुओं की बीमारी फैली। राघवपुर, अमहरा, मनेर, रामपुर आदि गाँवों के पशु मरने लगे। स्वामी जी बड़हिया टाल के आन्दोलन में लगे थे। उनको इस बात का पता चला कि बिहटा आए, गाँव-गाँव गये, बथान-बथान (गौशाला) घूमे। इसका एक चामत्कारिक असर हुआ और पशुओं की बीमारी कम होने लगी।' इस कथक्कड़ी की सत्यता चाहे जो भी हो, सम्भव है यह सब चामत्कारिक न होकर स्वामी जी द्वारा बथानों की स्वच्छता पर ध्यान दिलाने के कारण ऐसा हुआ हो। लेकिन स्वामी जी के प्रति इस प्रकार का असीम चामत्कारिक लोक विश्वास निश्चित रूप से स्वामी जी के उभर रहे सशक्त व्यक्तित्व पर जनता की बढ़ रही निर्भरता या कह लें विश्वास का सूचक है।

यह दौर उनके बिम्ब के प्रति आशा का विश्वास में परिवर्तन का दौर रहा है, जिसका बाह्य रूप चमत्कार का पुट लिए है। स्वामी जी के प्रति उभर रहा लोक विश्वास तत्कालीन समाज व्यवस्था के संचालन, संस्कृति के संप्रवाह तथा व्यक्तित्व के निर्माण में महत्वपूर्ण भूमिका अदा कर रहा था लेकिन यह विश्वास अज्ञान की उपज न था बल्कि वस्तुगत अनुभवों पर आधारित मनोवैज्ञानिक कारणों से तथा किसानों के बीच उभर रही उपनिवेशवाद विरोधी सजग चेतना का मिला-जुला परिणाम था। इस क्षेत्र में एक लोक कवित्त प्रसिद्ध है :

रात में हमें भूत सतावे, दिन में अंग्रेज
सबेरे हमें जाड़ सतावे, सांझ जमींदार के सेज।[1]

इस लोक कवित्त की पंक्तियों में एक तरफ तो अंग्रेजों में भारतीय जीवन की बुरी आधिभौतिक शक्तियों का रूप देखा जा रहा है, दूसरी तरफ जमींदार की अय्याशी का चित्र है। यह ऐसी लोकमानसिकता है जिसमें हर यथार्थ अपना आधिभौतिक स्वरूप ग्रहण कर आता है। इन्हीं सामाजिक, आर्थिक, मनोवैज्ञानिक परिस्थितियों में स्वामी जी के बिम्ब का उभार उनमें

---

1. लोक कवित्त, सम्पादित श्री राम उपाध्याय।

एक आधिभौतिकता का समावेश करता है। स्वामी जी के मिथक निर्माण में जनता के भीतर बैठा धार्मिक आदर्शवाद एवं औपनिवेशिक दमन के खिलाफ मुक्ति की चाह ही मुख्य भूमिका का निर्वाह कर रही थी, जिसकी रचनात्मक अभिव्यक्ति स्वामी जी का योगी के रूप में लोकायनों में आना है।

मिथकों के निर्माण की प्रक्रिया अत्यन्त जटिल होती है। उसमें परिस्थितियाँ, संबंधित व्यक्ति के व्यक्तित्व के तत्व, भौगोलिक स्थितियाँ, जन प्रचार आदि महत्वपुर्ण भूमिका अदा करते हैं। अतः भारतीय समाज जैसे अर्द्धविकसित समाज में मिथकों की प्रगतिशील भूमिका को नकारा नहीं जा सकता, लोक-जीवन में स्थापित स्वामी जी का व्यक्तित्व सक्रिय, संघर्षशील, संस्कारी एवं संश्लिष्ट है। यह निश्चित रूप से अन्य आधुनिक मिथकों के तरह ही अपने को स्थापित करता है। जैसे चे का क्रान्ति कर्म, भगतसिंह का बलिदान और बिरसा मुण्डा की वीरता इत्यादि।

यह इस तरह के अध्ययन का एक छोटा सा प्रयास है। इस तरह के अध्ययन से हम सबको कई फायदे हो सकते हैं। एक तो, इनसे हम किसान चेतना एवं आन्दोलन के बारे में ज्यादा सुसंगत समझ विकसित कर सकते हैं, दूसरे इससे स्वामी जी के व्यक्तित्व की विविधता एवं स्फोट का भी अध्ययन किया जा सकता है। तीसरे, यह ऐतिहासिक अध्ययन के लिये लगभग चुक गये हमारे स्रोतों के भण्डार को सक्षम बना सकता है।

●●●

लोक संस्कृति में द्वन्द्व का समकालीन इतिहास

(भोजपुरी के कृषक समाज के विशेष सन्दर्भ में)

प्रभुत्वशाली संस्कृति द्वारा एक लम्बे जमाने तक राज कर लेने के बाद उसके विरुद्ध उभरी प्रतिक्रिया के परिणाम स्वरूप 'विरुद्ध की संस्कृति' का जन्म होता है। यह 'विरुद्ध की संस्कृति' अवरोध पैदा करने वाले पुराने वर्गों (शासक वर्गों) के विरुद्ध अवरोध से मुक्ति के लिए सक्रिय नये वर्गों का सांस्कृतिक संघर्ष होता है। इस 'विरुद्ध की संस्कृति' के समाज शास्त्र में दो तत्व महत्वपूर्ण हैं—(1) अपनी मजबूती की निरंतर प्राप्ति (2) प्रभुत्वशाली संस्कृति पर आक्रमण। इन दोनों तत्वों का अन्तः सम्बन्ध द्वन्द्वात्मक होता है। अपने को मजबूत करने की प्रक्रिया में ही 'विरुद्ध की संस्कृति' प्रभुत्वशाली संस्कृति पर आक्रमण करती है, साथ ही साथ इस आक्रमण करने की प्रक्रिया में ही वह अपने को मजबूत भी करती चलती है। इस सांस्कृतिक धारा को मजबूती का तत्व उसके द्वारा किये जा रहे गतिशील सामाजिक संघर्ष से भी प्राप्त होता है। दूसरी ओर प्रभुत्वशाली संस्कृति को भी दो काम करने होते हैं, एक तो अपनी सुरक्षा, दूसरा, प्रतिवाद। प्रभुत्वशाली संस्कृति को अपनी सुरक्षा के लिए पुनरुत्थान (Revival) की प्रक्रिया अपनानी पड़ती है। आधुनिक समय में प्रभुत्वशाली संस्कृति के लिए यह पुनरुत्थान का रास्ता प्रतिगामी, मरणशील एवं आत्मघाती मार्ग सिद्ध हुआ है। यों तो सैद्धान्तीकरण सदैव स्वयं में खतरनाक होता है, संस्कृति जैसे समाज वैज्ञानिक पक्ष के लिए तो और भी! किन्तु इस खतरे को जानते हुए भी यहाँ यह खतरा उठाना मेरे लिए आवश्यक सा प्रतीत होता है। आधुनिक समय में सांस्कृतिक क्षेत्र में उभर रही नयी किस्म की संगठनाओं के अध्ययन से समाज वैज्ञानिकों को उत्तेजित करने वाले तथ्य सामने आ रहे हैं। प्रभुत्वशाली संस्कृति, जिसे समाज वैज्ञानिक मरणशील मानते हैं, भी अपने लिए ऊर्जा, अपनी सुरक्षा

में लड़ी जाने वाली सामाजिक संघर्ष एवं क्रिया-प्रतिक्रिया से प्राप्त करने लगी है जो उसकी आयु को भारतीय समाज में लम्बा करती जा रही है।

बौद्धिक आतंक पैदा करने की प्रक्रिया से बचते हुए इस पत्र में मेरा प्रयास भारतीय कृषक समाज में उभर रहे सांस्कृतिक संघर्ष का अध्ययन करना है। जिसके लिए मैंने 1940 के पश्चात् के भारत का समय तय किया है जिसमें पुनः जागृत नक्सलवादी विद्रोह के प्रभाव में कृषक समाज में घट रही सांस्कृतिक घटनाओं को मुख्य आधार बनाया है। इस सांस्कृतिक प्रयोग के लिए मैंने क्षेत्र भोजपुर (बिहार) को चुना है। इस सामाजिक शोध के लिए भोजपुर अंचल को चुनने के दो कारण हैं—

(1) तीव्र भूमि तनाव के कारण यह क्षेत्र प्रारम्भ से ही कृषक प्रतिरोध का केन्द्र रहा है। नक्सलवादी कृषक उभार के बाद उसके प्रभाव को पहली बार और तुरन्त ग्रहण करने वाला यह सबसे सम्वेदनशील क्षेत्र रहा है।[1]

(2) भोजपुर का यह क्षेत्र मात्र एक भौगोलिक क्षेत्र ही नहीं वरन् भोजपुरी संस्कृति के बेहतर तत्वों का प्रतिनिधित्व करने वाला एक सांस्कृतिक क्षेत्र भी है। अर्थात् यह अध्ययन दूसरे अर्थों में भोजपुरी संस्कृति के परिदृश्य पर उभरे सांस्कृतिक तनाव का अध्ययन भी है।

भोजपुर सोन एवं गंगा के मध्य अवस्थित उत्तरी बिहार का उपजाऊ परिक्षेत्र है। यह पूर्वी उत्तर प्रदेश की सीमा को छूता है। मिथक एवं इतिहास के अनुसार भोजपुर राजा भोज का विस्तृत राज्य था। भोजपुर का सांस्कृतिक तात्पर्य एक विस्तृत सांस्कृतिक परिक्षेत्र से है जिसमें बलिया, गाजीपुर, मुज्जफरपुर इत्यादि क्षेत्र भी आते हैं किन्तु यहाँ हमारा आशय आधुनिक भोजपुर जिला से है जो बिहार में अवस्थित है। यहाँ के समाज शास्त्र में 'भूमि सबसे महत्वपूर्ण तत्व है। आजादी के बाद यहाँ किसी भी 'भूमि कानून' का सुचारु रूप से पालन नहीं हुआ है। फलतः भूमि यहाँ मूलतः तीन स्थानों पर केन्द्रित है। (1) पुराने महाराजाओं के यहाँ यथा, डुमराँव महाराज, अईना महाराज, तिलौथु स्टेट, सूर्यपूरा स्टेट, चौगाई स्टेट (2) मठों एवं महन्तों के यहाँ यथा, बागा, बक्सर का मठ, धरवासडीह का मठ, (3) छोटे जमींदारों एवं धनी किसानों के यहाँ, इन छोटे जमींदारों की कोठियाँ उनके गाँव के नाम से कस्बों में प्रसिद्ध हैं, यथा—त्रिभुवानी कोठी, एकौना कोठी इत्यादि!

---

1. भोजपुर में नक्सलवादी आंदोलन —श्री राजेन्द्र सिंह यादव एवं कल्याण मुखर्जी।

1922 के बाद इस संपूर्ण भू-क्षेत्र को स्वामी सहजानन्द सरस्वती ने अपनी राजनीतिक संस्कृति एवं वैचारिक संघर्ष की प्रयोगशाला बनाया। यहाँ के कृषक समाज में प्रतिरोधी चेतना के निर्माण में स्वामी जी का प्रयास आज तक एक सक्रिय तत्व के रूप में कार्यरत है। 'नेतृत्व एवं संघर्ष की जिस दूसरी परम्परा' का सूत्रपात उन्होंने किया, उसका नैरन्तर्य आज तक बना हुआ है। यहाँ के कृषक मन में वे उदाहरण की तरह स्थापित हो चुके थे, आज भी वे उदाहरण की तरह ही लोक मन में जीवित हैं। वस्तुतः उदाहरण नेतृत्व के आकर्षण की उच्च अवस्था है जो जनता को मनोवैज्ञानिक रूप से एकबद्ध करती है। इसके परिणाम श्रद्धा एवं विश्वास होते हैं जो भारत जैसे देश में जनता को एकताबद्ध करने की सबसे सफल प्रणाली मानी गई है। ज्ञातव्य हो कि आज भी कृषक जनता लोक गीतों, दन्त कथाओं, मुहावरों में स्वामी जी के मिथक के निर्माण की प्रक्रिया से गुजरती हुई अपनी क्रान्तिकारी चेतना का निर्माण करती है। या यों कहें लोक मन में उनके मिथक का निर्माण कृषक जनता की क्रान्तिकारी चेतना के 'बाई प्रोडक्ट' (सह उत्पादन) के रूप में हमारे समक्ष आता है।[1]

1952 में स्वामी जी का देहान्त होता है। उनकी मृत्यु के बाद इस क्षेत्र में उस तरह का कोई किसान नेता तो पैदा नहीं हुआ किन्तु कम्युनिस्ट पार्टियों के नेतृत्व में बनी किसान सभाएँ कृषक समाज में भूमि चेतना तीव्र करने का प्रयास सदैव करती रहीं। उन्होंने बौद्धिक स्तर पर यह तो समझा कि 'आर्थिक ढाँचा जो आम जनता को इस विपन्न स्थिति में डाल देता है, अन्य तत्वों के अतिरिक्त विचारधारात्मक या सांस्कृतिक अधिरचना के जरिये कायम रखा और मजबूत किया जा सकता है'।[2] अतः उन्होंने विपन्नों को अपनी क्षति की सच्ची चेतना उपलब्ध कराने का प्रयास किया तथा उनमें 'सामाजिक अस्तित्व सम्बन्धी झूठी चेतना पैदा करने के प्रयास का विरोध किया'।[3] किन्तु इस दौर की दो मुख्य कमजोरियाँ रहीं—(1) इस दौर के किसान नेतृत्व में प्रायः शहरी मध्य वर्ग के लोग या आभिजात्य प्रवृत्ति के

---

1. देखें —लोक चेतना में स्वामी सहजानन्द सरस्वती के व्यक्तित्व का मिथकीय विकास, बद्री नारायण तिवारी-साँचा पत्रिका।
2. आल इण्डिया किसान सभा द्वारा 1970 में प्रकाशित परिपत्र।
3. परिवर्तन एवं विकास के सांस्कृतिक आयाम में श्री पूरन चन्द्र जोशी द्वारा दिया गया सारांश।

लोग बाहर से आकर सक्रिय थे, जो अपने को 'डिक्लास' न कर पाने की वजह से किसानों के मन में अपनी कोई जगह नहीं बना पाये। (2) किसान नेतृत्व में इस दौर में कोई 'उदाहरण' नहीं पैदा हुआ।

इस प्रतिरोधी चेतना के निर्माण में 1967 के बाद उभरे नक्सलवादी विद्रोह का महत्वपूर्ण स्थान निर्धारित किया गया है। किन्तु इस विद्रोह के इतने सीधे, इतने व्यापक एवं सबसे पहले प्रभाव का यहा के कृषक क्षेत्र में पड़ना यह स्थापित करता है कियहाँ के कृषकों में निहित या निर्मित क्रान्तिकारी चेतना का तापमान अब तक किसी खास तापक्रम तक पहुँच चुका था। यहाँ इन दोनों के मध्य 'प्रभाव ग्रहण की द्वन्द्वात्मकता' कार्य कर रही थी।

1967 के बाद यहाँ की जनता को 'उदाहरण' एवं 'संगठन' दोनों प्राप्त हुआ। इस दशक में प्रमुख किसान नेता तथा किसान संघर्ष के प्रमुख सिद्धान्तकार जगदीश मास्टर एवं रामेश्वर जी ने अपने राजनीतिक प्रयोग की प्रयोगशाला पुनः इसी क्षेत्र को बनाया।[1] इन प्रमुख सिद्धान्तकारों ने तथा इनके नेतृत्व में उभरी संगठनात्मक गतिविधियों ने यहाँ के किसानों के मध्य प्रतिरोधी चेतना के निर्माण की गति को तीव्र किया। इस प्रतिरोधी चेतना के निर्माण की सबसे प्रमुख चुनौती सांस्कृतिक स्तर पर थी। इसीलिए इस दौर में हो रही गुप्त गतिविधियों में प्रकाशित पम्फलेटों, पत्रों तथा गुप्त सभाओं में सामन्ती संस्कृति तथा जनसंस्कृति में विभेद स्थापित करने का प्रयास किया गया। इस दौर में किसान कार्यकर्ताओं के मध्य माओ-त्से-तुंग की सांस्कृतिक अवधारणाओं की भारतीय एवं भोजपुरी व्याख्या प्रस्तुत करने की होड़ थी। चीन की सांस्कृतिक क्रान्ति के मूल्यों से यहाँ के किसान क्रान्तिकारियों का इन्टर-एक्शन जारी था। यह अनायास नहीं था कि माओ-त्से-तुंग इस दौर में उपजे किसान कार्यकर्ताओं के मध्य अत्यधिक लोकप्रिय थे। इस का प्रमुख कारण माओ के लेखों से सांस्कृतिक स्तर पर 'विरोध की सांस्कृतिक' के निर्माण में उन्हें वैचारिक सहायता का मिलना था। भूमिगत सशस्त्र किसान संघर्ष के इस दौर में

---

1. सी० पी० आई० (एम० एल०) केन्द्रीय समिति द्वारा हाल ही में प्रकाशित मसौदा 'बिहार के धसकते खेत खलिहान में किसान संघर्ष की व्याख्या' में जगदीश मास्टर एवं रामेश्वर जी का उल्लेख।

कृषक समाज में सांस्कृतिक तनाव तीव्र होता गया।

भोजपुर के कृषक समाज में छिड़े इस सांस्कृतिक संघर्ष का अध्ययन इस क्षेत्र में घटित हो रही सांस्कृतिक घटनाओं तथा लोकजीवन की सांस्कृतिक व्याख्या करके किया जा सकता है। इन दो विरोधी संस्कृतियों का सबसे मुखर प्रदर्शन इनके संरक्षण वर्गों द्वारा अपनी-अपनी रणनीति के तहत निकाले जाने वाले जुलूसों में परिलक्षित होता है। इस क्षेत्र में सामन्तवाद भी संगठित हो रहा है। अपनी मजबूती के लिए वह हर तरह के आधुनिक एवं नये तरीकों को अपना रहा है। सामन्ती वर्गों द्वारा अपनी सुरक्षा के लिए जुलूस निकाले जाते हैं। इन जुलूसों में मलमल का कुरता पहने, पान खाए, गले में सोने की चैन डाले, नारे लगाते लोगों की अधिकता होती है। इनके नारों में प्रायः विकृति बोध के नारे होते हैं। इनके हाथों में तख्तों, बैनरों की जगह राइफल एवं बंदूकें होती हैं। दूसरी तरफ किसान जनता द्वारा निकाले जाने वाले जुलूसों में फटे-मैले कुचैले कपड़े पहने औरतों, पुरुषों एवं बच्चों की बहुतायत होती है। उनके हाथों में तख्ते-बैनर, लाठी, गोजी, हँसिया, इत्यादि पारंपरिक हथियार होते हैं, इनके नारे सचेत, एकजुट एवं तर्कपूर्ण होते हैं। ये परिदृश्य दोनों के मध्य राजनीतिक संस्कृति के अन्तर को—वस्तुत; सांस्कृतिक तनाव, सांस्कृतिक द्वन्द्व, सांस्कृतिक संघर्ष तीनों सांस्कृतिक ध्वनियों के भिन्न-भिन्न प्रतिघातों को—रूपायित करते हैं। किन्तु ये तीनों प्रक्रियाएँ एक विकास क्रम हैं तथा एक ही साथ घटित होती रहती हैं। 1975 के आपात्काल के बाद जब भारतीय समाज ने मुक्ति महसूस की तथा किसान संगठनों की गतिविधियों को छूट मिली तो किसानों के मध्य निर्णायक सांस्कृतिक चेतना के निर्माण में तेजी आयी। जिसमें प्रभुत्वशाली सामन्ती, संस्कृति, उसके द्वारा स्थापित मूल्यों, मान्यताओं का मुखर विरोध था। यह 'विरोध की संस्कृति' 1975 के बाद अपने वस्तु के बारे में पूर्ण सहमत हो गयी थी। इसी 'पूर्ण सहमति' ने उसके अन्तर्वस्तु को रूप (Form) खोजने में मदद की। ध्यातव्य हो कि कृषक सांस्कृतिक चेतना के समक्ष मूल चुनौती अपने रूप की ही थी, जिसकी प्राप्ति उसके लिए अत्यन्त सहज होते हुए भी कठिन महसूस हो रही थी। निश्चित रूप से सांस्कृतिक जंग लड़ने वालों के लिए एक औजार बनाने की समस्या थी।[1] इस प्रकार इस क्षेत्र में यह दौर प्रभुत्वशाली

1. मोरचा लगता नाटक —नवेंद/सुनील सरीन/पृ०—7।

संस्कृति के विरुद्ध जन संस्कृति के निर्माण के दौर के रूप में दर्ज किया जाना चाहिए। आर्थिक एवं सामाजिक क्षेत्र में संघर्ष के तीव्र होने के साथ ही यह सांस्कृतिक संघर्ष भी मुखर हुआ। जिसमें एक तरफ सामन्ती संस्कृति अपनी संरक्षा की लड़ाई लड़ते दिखाई पड़ती है तो दूसरी तरफ विरुद्ध की संस्कृति में आक्रमण एवं पुनर्रचना दोनों प्रक्रियाएँ एक साथ घटित होती रहती हैं। सामन्तों के जुलूसों में धन एवं सम्पत्ति बोलती है, औरतें नहीं होतीं, उनका विश्वास हथियारों एवं आग्नेयास्त्रों पर होता है। किसान जनता का जुलूस उनकी गरीबी किन्तु एकजुटता, औरतों एवं बाल बच्चों के रूप में पूरे परिवार का जुड़ाव तथा पारम्परिक हथियारों पर उनके विश्वास को प्रदर्शित करता है। पारम्परिक हथियारों पर विश्वास उनके भीतर निहित जन ताकत एवं मानव की मूल शक्ति के प्रति उनके विश्वास को स्पष्ट करता है। यह अवचेतना में उभर आया विभेद होता है।

इस क्षेत्र के आवागमन के साधनों पर सामन्तों का कब्जा है। सड़कों पर चलने वाले तमाम निजी वाहन या तो भूपतियों के हैं या ठेकेदारों के। आधुनिक समय में इन वाहनों का उपयोग भी सांस्कृतिक मंचों के रूप में किया जा रहा है। इन वाहनों में सदैव कैसेट बजते रहते हैं। इन कैसेटों में बजाये जाने वाले गीतों में दो तरह की प्रवृत्तियाँ सक्रिय रहती हैं। (1) सामन्ती हितों के समर्थन में काव्यात्मक तर्क (2) अपने धन-वस्त्र का वर्णन कर भय उत्पन्न करना। यदि किसी को इस क्षेत्र में सफर करना है तो इन गानों को सुनना ही पड़ेगा। ध्यातव्य हैं कि इन सड़कों पर सरकारी बसे नहीं चलतीं। इस तरह के वाहनों में बजाये जाने वाले गीतों में एक गीत उल्लेखनीय है :

'आल इण्डिया बेसिस पर रंगदार ए बबुआ,
जिला भोजपुर ह भारत के सिंगार ए बबुआ।
इहाँ एक से एक बड़लोग, जैसन खोजब ओइसन जोग,
जहाँ बीर बहादुर अइसन, सुपर स्टार ए बबुआ।
इह हिन्द देश के प्यारा, बाबू कुँअर सिंह दुलारा,
जेकर बनल रहे गोरवन से अलग सरकार ए बबुआ।
देखी मधु जी के गजराज, जेकरा दुनिया में नाज,
जेकर गजमुक्त हइ सोमता लिलार ए बबुआ।

(गायक—मुन्ना सिंह, कैसेट नं०-1)

इस गीत में जिस तरह का 'डिक्शन' अपनाया गया है, जिस 'इडीयम' का प्रयोग किया गया है, तथा जिस तरह से मिथकों की पुनर्रचना की गई है, वे सब सामन्ती भावबोध से लिप्त एवं सामन्ती हित के रक्षार्थ किए गए हैं। इसमें प्रयुक्त वीर बहादुर सामन्तों का एक बड़ा गुन्डा, जिसने पुलिस रिकार्ड के मुताबिक हत्याएँ की हैं, वैसे उसके द्वारा किए गए हत्याओं की संख्या असंख्य है। कुँअर सिंह के मिथक की पुनर्रचना यहाँ के सामन्ती भाव बोध के लिए 'एक जाति विशेष के इतिहास पुरुष' के रूप में करते हैं। यहाँ यह प्रयोग एक प्रकार के सामन्ती पुनरुत्थान का प्रतीक है। मधु जी इलाके के बड़े सामन्त हैं जिनकी घोड़ी का गुणगान भी सामन्त गौरव वर्णन का एक नमूना है।

सामन्ती हितों की सुरक्षा में गाने वाले गायकों की एक नयी फसल यहाँ पैदा हुई है। जिनके कैसेट धुआँधार बिक रहे हैं। इस तरह के गायकों में प्रमुख हैं—नधुनी सिंह, मुन्ना सिंह, दशरथ तिवारी, भारत शर्मा।

पर्व-त्योहारों (दशहरा-दीपावली) इत्यादि पर बहुधा भू-अभिजन वर्ग का आधिपत्य होता है। अतः इन अवसरों पर बनाए जाने वाले सांस्कृतिक मंच भी इन्हीं के अधिकार में होते हैं। जिस पर खेले जाने वाले नाटक एवं बजाए जाने वाले गीतों में दो तरह की प्रवृत्तियाँ उजागर होती हैं—(1) ऐतिहासिक सामन्तों के मिथकों पर आधारित नाटक यथा—राणा साँगा, अमर सिंह, दुर्गासिंह (2) आतंक फैलाने वाले नाटक—चम्बल घाटी का लुटेरा, डाकू मोहर सिंह।[1]

बैण्ड-बाजों की पार्टियाँ एवं नाच मण्डलियाँ निम्नवर्गीय जन के हाथों में होती हैं। इन मंचों का उपयोग ये अपने हितों के सांस्कृतिक प्रचार में करते हैं। बैण्ड-बाजों पर मात्र धुन ही बजायी जाती है अतः इनमें धड़ल्ले से जनपक्षीय तेवर के गीत बजाये जाते हैं। किन्तु नाच मण्डलियों में खुलेआम प्रदर्शन करना होता है और इनको प्रदर्शन प्रायः प्रभुत्वशाली तबके के लोगों के आयोजनों में ही करना होता है और जिस पर उनकी रोजी-रोटी निर्भर करती है।

अतः 'सब अर्लटने पुपीली' इनका उपयोग बड़ी सावधानी से करती है। यहाँ पर ये करुणा से जुड़े नौटंकियों एवं गीतों का प्रदर्शन करते हैं।[2]

---

1. 1989 से 90 तक के आर्यावर्त (बिहार, पटना) में प्रकाशित सूचनाओं पर आधारित।
2. यथा बिदेसिया, हमार दुख बूझीं, इत्यादि।

करुणा के चतुर उपयोग के कारण एक तो प्रभुत्वशाली वर्ग सीधा विरोध नहीं कर पाता, दूसरे आम जनता के मन में उनके तर्कों के प्रति सहानुभूति का भाव पैदा होता है। जहाँ वे कभी-कभी सीधे एवं आक्रामक सांस्कृतिक प्रदर्शन करते हैं, वहाँ प्रभुत्वशाली तबका उनके विरुद्ध सीधे बंदूक तान लेता है। आरा जिले के नटवार गाँव में नाच मण्डली द्वारा की जा रही नौटंकी को रोकने के लिए सामन्तों ने मण्डली के लोगों पर गोलियाँ चलायीं।[1]

निम्न जन द्वारा प्रतिवाद की इच्छा की सांस्कृतिक अभिव्यक्ति इस गीत में द्रष्टव्य है—

'ढेर दिन शेर बन के घुम लऽऽ बघरिया में
अबकी आग लगाइब तोर रंगदरिया में'[2]

यहाँ संघर्षशील तबके के आत्मबल एवं आक्रमण की तीव्रता स्पष्ट है।

इन दो के अतिरिक्त तीसरा सांस्कृतिक पक्ष भी इस क्षेत्र में सक्रिय है जो इस विरुद्ध की संस्कृति के निर्माण में सक्रिय सहयोग देता है या यों कहें कि आवश्यक हस्तक्षेप करता है। जनगण को परिवर्तन की भाषा समझाने के लिए, सांस्कृतिक जंग लड़ने वालों के लिए एक औजार बनाने के लिए सक्रिय राजनीतिक संगठनों द्वारा निर्मित सांस्कृतिक मंच इसमें तीसरा पक्ष है। 1978 में गठित 'युवानीति' जननाट्य संस्था इसमें प्रमुख है। इसने कफन, जंगी राम की हवेली, हरिजन दहन, जनतंत्र के मुर्गे इत्यादि नाटकों के सैकड़ों नुक्कड़ प्रदर्शन यहाँ किए हैं। किन्तु ऐसे सांस्कृतिक संगठनों की सीमाएँ भी स्पष्ट हैं। चूँकि ये स्वयं में संघर्षशील तबके की उपज न होकर बाहर से सांस्कृतिक सहयोग के लिए आते हैं अतः वे संघर्षशील तबके के मनोविज्ञान को समझ नहीं पाते। अतः इनका आभिजात्य चरित्र स्पष्ट हो जाता है। ये जनता की मनोगत दुनिया को गहराई तक छू नहीं पाते। इनमें एक दड़क बोध होता है कि जनता की चेतना अविकसित है, उसमें, जनता में सांस्कृतिक चेतना जगाने का बोध लिए जाते हैं लेकिन जनता की चेतना आज के सन्दर्भ में उनसे कई कदम

---

1. आर्यावर्त, 9 नवम्बर, 1988 में प्रकाशित सूचना।
2. कृष्ण चन्द्र शर्मा द्वारा प्रकाशित भोजपुर अंचल के जन गीतों में संकलित एवं धान के कटनी के दिनों में सहार थाने के एक गाँव में करनिमों द्वारा गाया जाता है सुनने के बाद।

आगे है। 'मोरचा लगता' नाटक[1] में 'युवानीति' के एक सक्रिय कार्यकर्त्ता नवेंदु लिखते हैं—'हरिजन दहन की प्रस्तुति भोजपुर के केसठ गाँव में होती है। अगले दिन दस बारह गरीब घरों की महिलाएँ हमसे पूछती हैं 'आपके नाटक में किस गाँव के मजूर की कहानी थी, हमारे यहाँ तो ऐसा नहीं... उ लोग (सामंत) मजूर, हरिजन का घर जलाएँ, बेरी पतोहू की इज्जत से खेलें और मजूर लोग देखते रहेंगे ठीक नहीं है, आपका नाटक हमारे गाँव में यह नहीं चलेगा इधर तो जनता की गोलबंदी और लड़ाई है। फलतः 'हरिजन दहन' नाटक को इन्हें जनचेतना देखकर 'जंगीराम की हवेली' में बदलना पड़ा।[2] किन्तु प्रभुत्वशाली तबके पर आक्रमण के तत्व इनमें तीव्र होते हैं। अतः इस सांस्कृतिक युद्ध में इनकी भूमिका भी महत्वपूर्ण है।

संघर्षशील किसान जनता ने स्वतः भी अपना सांस्कृतिक संगठन बना रखा है, यथा—ललकार टीम, जनवादी नौजवान मंच इत्यादि। अपने मिशन के लिए ज्यादा सफल एवं ज्यादा उपयोगी निम्न जन द्वारा स्वयं लिखित एवं प्रदर्शित नाटक एवं गीत होते हैं। संघर्षशील तबके से उत्पन्न लोक नाटककार एवं लोक गायकों की रचनाएँ एक सक्रिय 'विरुद्ध की संस्कृति' का निर्माण कर रही हैं।

भोजपुर के कृषक समाज में सांस्कृतिक संघर्ष अत्यंत तीव्र है। 'विरुद्ध की संस्कृति' का उभार तेज है। प्रभुत्वशाली संस्कृति अपनी सुरक्षा करना चाहती है। 'विरुद्ध की संस्कृति' आक्रमणात्मक मुद्रा में है। बाहरी सहयोग 'विरुद्ध की संस्कृति' को प्राप्त है। कृषक समाज की, विपन्नों की मुक्ति की लड़ाई अब सांस्कृतिक स्तर पर भी होने लगी है।

●●●

---

1. मोरचा लगता नाटक / नवेंदु / सुनील सरीन, अरविंद कुमार द्वारा संपादित, जसम भागलपुर द्वारा प्रकाशित पुस्तिका।
2. लोक गीतों एवं नाटकों के लिए ज्यादातर फील्ड स्टडीज पर आधारित।

लोक संस्कृति–एक दृष्टि

इस लेख में लोक संस्कृति की एक प्रस्तावना प्रस्तुत करने का प्रयास कर रहा हूँ। इस प्रस्तावना में मैं मुख्य रूप से 'लोक संस्कृति का अध्ययन : समस्याएँ एवं संभावनाएँ' पर विचार करना चाहूँगा। इस सन्दर्भ में मैं लोक संस्कृति के अध्ययन की अन्तः अनुशासनिक दृष्टिकोण पर भी अपनी बात रखना चाहूँगा।

लोक संस्कृति कोई वायवीय अवधारणा नहीं है, इसका एक सुगठित शरीर है। अतः लोक संस्कृति पर विचार करने के लिए उसके शरीर विज्ञान पर विचार करना होगा। लोक संस्कृति के शरीर शास्त्र में 'लोकायन' का महत्वपूर्ण स्थान है। अतः उपरोक्त समस्या पर विचार करते हुए बार-बार लोकायनों पर विचार करना मेरी आवश्यकता भी है और मजबूरी भी।

रिचर्ड डॉरसन अपनी पुस्तक 'फॉक लोर एन्ड फॉक लाइफ' की भूमिका में लिखते हैं कि 'विश्लेषण की आवश्यकताएँ लोकविदों को अन्तः अनुशासनिक बनाती हैं'।[1] उनके अनुसार लोकायनों के साहित्यिक उपयोग के लिए साहित्य के व्यापक ज्ञान से जुड़ाव, लोकायनों एवं संस्कृति के सम्बन्धों के मूल्यांकन के लिए नृतत्व शास्त्र से जुड़ाव, मौखिक परम्पराओं के ऐतिहासिक महत्व के लिए इतिहास के संज्ञान से जुड़ाव आवश्यक है। ज्ञान के दूसरे क्षेत्रों यथा भाषा-विज्ञान, भूगोल संगीतशास्त्र, समाजशास्त्र तथा मनोविज्ञान लोक संस्कृति के बौद्धिक अध्ययन की प्रक्रिया में आवश्यक माध्यम हैं। किन्तु साहित्यिक, मानव विज्ञानी और ऐतिहासिक

---

1. डॉरसन एस० रिचर्ड-फॉकलाइफ, एन इन्ट्रोडक्शन (सम्पादित) 1972, शिकागो, यूनिवर्सिटी आफ शिकागो प्रेस।

विशेषज्ञता लोक संस्कृति के अध्ययन के लिए प्राथमिक एवं मुख्य औजार है।

लोक संस्कृति के अध्ययन के लिए हमें उसके 'मैटेरियल' तथा 'नॉन मैटेरियल' दोनों रूपों को देखना होगा। डॉरसन अपनी सैद्धान्तिक अवधारणा में इनको अलग संवर्ग के रूप में अध्ययन न करते हुए इनका संश्लेषण तैयार करते हैं, जिसमें मौलिक साहित्य, भौतिक संस्कृति, सामाजिक लोक परम्परा, संस्कार, दृश्य कलाएँ सब शामिल हैं।

लोक संस्कृति के विश्लेषण के लिए अब तक जिन प्राविधियों का उपयोग किया गया है उनमें ऐतिहासिक, भौगोलिक, तकनीकी, ऐतिहासिक पुनर्रचनावादी, वैचारिक, व्यावहारिक मनोविश्लेषकीय, संरचनावादी, सौंदर्यात्मक, सैद्धान्तिक ढाँचों का उपयोग शामिल है। लोक संस्कृति की संरचना, रूप, क्रिया, अभिक्रिया, एक जटिल प्रक्रिया से संभव होते हैं। अतः उन्हें समझने के लिए नये सन्दर्भ में अब तक हमारे पास ज्ञान के जितने भी साधन उपलब्ध हैं उनसे एक सुव्यवस्थित प्राविधि एवं तकनीक विकसित करनी होगी, जिसका आधार सदैव अन्तःअनुशासनिक अन्तः संवाद से ही संभव है, नहीं तो लोक संस्कृति के ढाँचों के अध्ययन में हम पूर्व की भाँति ही असफल होते रहेंगे। इसके लिए औपनिवेशिक निर्मिति मे निर्मित 'इन्टेलेक्चुअल' शब्द से हटकर 'विजडम' की संकल्पना का स्मरण करना होगा।[1] अपने संज्ञान के लोकप्रज्ञा के तत्वों को जागृत करना होगा।

लोक संस्कृति के अध्ययन में अन्तः अनुशासनिक व्यवहार की माँग करने के क्रम में मैं यहाँ विभिन्न अनुशासनों में इसकी महत्ता को रेखांकित करना चाहूँगा।

इतिहास के सन्दर्भ में, कई देशों का राष्ट्रीय इतिहास लोक संस्कृति के स्रोतों के उपयोग से विकसित किया गया है। अफ्रीका के इतिहास का व्यापक भाग उनके लोक संस्कृति के अध्ययन से विकसित हुआ है।

---

1. आशीष नन्दी ने अपनी पुस्तक 'द इन्टिमेट ऐनेमी—लॉस एन्ड रिकवरी ऑफ सेल्फ अन्डर कॉलोनियलिज्म' 1983 (ओ० यू० पी०) में अत्यंत विस्तार से 'इन्टेलेक्चुअल' एवं 'विजडम' की निर्मिति बतायी है।
2. इस सन्दर्भ में अनेक शोध कार्य हुए हैं। किन्तु अभी हाल ही में सबॉल्टर्न खण्ड (ओ० यू० पी०—1992) में संकलित ट्रान्सरेजर का अत्यंत प्रभावोत्पादक शोधकार्य उल्लेखनीय है।

इसीलिए उनके पास इतिहास की लोक अवधारणा है, आभिजात्य अवधारणा नहीं। आज जब अमेरिकी और अमेरिका पोषित समाज वैज्ञानिकों का एक वर्ग 'ग्लोबल हिस्ट्री, ग्लोबल सोसाइटी, ग्लोबल संस्कृति' की चर्चा एक अभियान के तहत करने लगा है तो[1] हमें ग्लोबल के इस छद्मपूर्ण छन्द को समझने में और देर नहीं करना चाहिए। इतिहास के सन्दर्भ में मैं यह कहना चाहूँगा कि 'ग्लोबल इतिहास' के उनके ब्रह्माण्ड में लोक और जातीय इतिहास नहीं होगा। गाँव से लेकर विश्व तक आभिजात्यता, एक रैखिकता तथा सरलीकरण का तर्क जाल होगा। 'माइक्रो' के 'मैक्रो' का यही रूप होगा। ज्ञातव्य हो कि इस तरह के सम्बन्धों की एकसूत्रता की खोज औपनिवेशिक इतिहासकारों ने अपने उपनिवेशों के साथ प्रारम्भ की थी। यहाँ साहित्य, इतिहास, कला संस्कृति से वैज्ञानिकता की जिस माँग पर औपनिवेशिक इतिहासकारों ने जोर देना प्रारम्भ किया, हमें उसका भी सन्दर्भ समझ लेना चाहिए। यह वैज्ञानिकता 'इन्वाल्वमेंट' को रोकने के लिए एक तकनीक के रूप में विकसित की गयी। यह माँग उन अंग्रेजी के प्रशासकों से की गई जो भारतीय जीवन, साहित्य एवं संस्कृति पर शोध कर रहे थे, ताकि वे निहित मानवीय गुणों के कारण भारतीय जीवन की दुर्दशा के प्रति सहानुभूतिपूर्ण सम्बन्ध न बना लें तथा यह माँग औपनिवेशिक जनता के बौद्धिकों से भी अपने जन से उनके जुड़ाव को कम करने के लिए की गयी।[2] जैसा कि प्रायः होता है साम्राज्यवादी और उपनिवेशवादी शक्तियाँ जो अस्त्र अपनी रक्षा के लिए ईजाद करती हैं वो बाद में उन्हीं के विरुद्ध उपयोग में लायी जाने लगती हैं, ऐसा ही इस 'वैज्ञानिकता' के साथ भी थोड़ी मात्रा में हुआ।

भारत की लोक संस्कृति पर अब तक जो भी विदेशी अध्ययन हुआ है, उनकी सीमाएँ हैं :

(1) भारतीय समाज के अन्तःतत्व की जानकारी न होने के कारण उसे समझने में भूल।

---

1. इस सन्दर्भ में अमेरिका से निकलने वाली शोध पत्रिकाएँ—करेन्ट एंथ्रोपोलॉजी, डाइलेक्टिकल एन्थ्रोपोलॉजी में लगातार प्रकाशित हो रहे शोध कार्यों की खुलेआम अपील सुनी जा सकती है।
2. देखें, बिलएस्कार्फ द्वारा सम्पादित 'इम्पायर राइट्स बैक थ्योरी एण्ड मेथड ऑफ पोस्ट कॉलोनियल लिट्रेचर' ।

(2) भाषा, बिम्ब और मिथक की व्याख्या में असंख्य दुर्घटनाएँ एवं गलत निष्कर्ष।

(3) 'निम्न' के प्रति श्रेष्ठतावादियों की दया दृष्टि, उनको जानने (समझने का नहीं) का दृष्टिकोण, यही दृष्टिकोण आज विकसित होते हुए 'लोक संस्कृति' के प्रति 'सजावट एवं उपभोक्तावादी दृष्टिकोण' में तबदील हो गया है।

इसलिए मुझे बार-बार भारत में लोक संस्कृति के अध्ययन के लिए 'देशज' और 'लोक प्राविधि' की आवश्यकता महसूस होती है। अब इतिहासकारों की चिन्ताएँ 'लोक संस्कृति' को समझने की दिशा में बढ़ रही हैं, यह सुखद है। प्रो० नीहार रंजन रे की यह स्थापना इस सम्बन्ध में सार्थक उक्ति है कि 'बिना लोक व्यवहारों एवं लोक धर्म इत्यादि लोक संस्कृति के विविध आयामों में प्रवेश किए जन इतिहास की रचना सम्भव नहीं।[1] डी० डी० कौशाम्बी ने भी प्राचीन भारत के सामाजिक और ऐतिहासिक सच्चाई के अध्ययन के लिए मिथकों का अध्ययन किया।[2] हालाँकि उनके कुछ निष्कर्षों पर यांत्रिकता का आरोप है और उनके पुनर्मूल्यांकन की माँग भी की जा रही है। उत्तरी पूर्वी भारत में, पर्वतीय एवं आदिवासी सांस्कृतिक क्षेत्रों में जहाँ लिखित स्त्रोतों का अभाव है वहाँ इतिहास रचना में लोक सांस्कृतिक एवं मौखिक परम्परा की महती भूमिका है। इस सन्दर्भ में उत्तरी पूर्वी भारत में कुछ अच्छे कार्य हुए हैं।[3] इतिहासकार इतिहास में टूटे हुए सूत्रों को जोड़ने के लिए लोक संस्कृति की स्त्रोत सामग्रियों का उपयोग कर रहे हैं। स्त्रोत सामग्रियों एवं इतिहास की निरन्तरता में जहाँ रिक्त स्थान है, उसको भरने के लिए लोक संस्कृति का उपयोग कर रहे हैं। किन्तु इससे आगे बढ़कर लिखित स्त्रोतों के इतिहास की प्रामाणिकता लोक संस्कृति की कसौटी पर कस कर प्राप्त करने की आवश्यकता है। क्योंकि गजेटियर रिकार्ड्स, ब्रितानी शासकों की डायरियाँ, इत्यादि औपनिवेशिक मानसिकता की प्रतिनिधि व्यक्तिवादी रचनाएँ हैं, इन्हें लोक संस्कृति के सामूहिक सच से जोड़ कर देखने की आवश्यकता है।

---

1. नीहार रंजन रे-बंगालीर इतिहास, 1966 कलकत्ता, लेखक समवाय समिति, पृष्ठ 3।
2. डी० डी० कौशाम्बी, मिथ एण्ड रियलिटि, 1962, पॉपुलर प्रकाशन, बॉम्बे।
3. जे० बी० भट्टाचार्या, हिस्ट्री एण्ड फॉकलोर इन द कॉण्टेक्स्ट ऑफ काछार वैलि, सौमेन सेन द्वारा सम्पादित 'फॉकलोर इन नार्थ इस्ट इण्डिया' नई दिल्ली, 1985, कॉस्मोस।।

यह एक प्रकार से 'लिखित स्रोतों की अग्निपरीक्षा' का भी समय है। हम मौखिक स्रोतों पर अतिरंजना का आरोप तो लगा देते हैं किन्तु लिखित स्रोतों के 'पूर्वाग्रह' पर ध्यान नहीं देते। यहाँ पर लिखित परम्परा एवं स्रोतों को लेकर गुजरात के आदिवासी इतिहास की रचना में डेविड हार्डिमैन का सफल प्रयोग 'देवी मूवमेण्ट' मौखिक स्रोतों की प्रासंगिकता को साबित करती है।[1]

इतिहास में ही नहीं, नृतत्त्व शास्त्र एवं मानव विज्ञान के अनुशासनों में भी लोक संस्कृति से डाटा निकाल कर उनका विश्लेषण कर अपनी परिकल्पनाओं को रूप देने की दिशा में कार्य हो रहा है। किन्तु हमें इस सन्दर्भ में ऐसी समाज वैज्ञानिक दृष्टि की आवश्यकता महसूस होती है जो अंतःअनुशासनिकता एवं तकनीकी बाहुल्य के निरन्तर अन्तःसंवाद से विकसित हो रही हो। इस सन्दर्भ में बेहतर परिणाम की प्राप्ति के लिए हमें 'ज्ञान के विशेषीकरण' से आगे निकलना होगा तथा 'विभिन्न विज्ञानों का समुच्चय' विकसित करना होगा। हमें इस सन्दर्भ में यह भी आवश्यक लगता है कि ज्ञान को मात्र एक 'अपरेट्स' के रूप में प्रयोग करते रहने की प्रवृत्ति से मुक्त होना होगा। ज्ञान को एक अन्तःदृष्टि के रूप में ग्रहण करना होगा।

●●●

---

1. डेविड हार्डिमैन, आदिवासी एसर्सन इन साउथ गुजरात : द देवि मूवमेण्ट ऑफ 1922-23, सबॉल्टर्न स्टडीज, वाल्यूम तृतीय, ओ० यू० पी० (दिल्ली)।

लोक गाथा और इतिहास

इस लेख में मैं मुख्य रूप से गाथा और इतिहास के अन्तःसम्बन्धों को समझना चाहूँगा। हमारे इतिहास लेखन में गाथा और इतिहास को दो विरोधी अवधारणाओं के रूप में रखा गया है। मानो गाथा है तो इतिहास नहीं, इतिहास है तो गाथा नहीं। भारत जैसे देश में जहाँ लम्बे समय तक लोक गाथा ही इतिहास का कार्य करता रहा हो, क्या वहाँ इस तरह की अवधारणाओं का शत्रुतापूर्ण सम्बन्ध सम्भव है? इस लेख में मैं गाथा और इतिहास के सम्बन्धों के ढाँचों को उपस्थित करूँगा। इस क्रम में इनमें निहित भिन्नता को उजागर करने के बौद्धिक कार्य को मैं एक नैतिक जिम्मेदारी के रूप में महसूस करता हूँ।

अस्तुतः हमारे बौद्धिक जगत में शामिल हो गये एक प्रकार के सरलीकरण के कारण हममें अवधारणाओं के मध्य शत्रुतापूर्ण सम्बन्ध स्थापित करने की आदत सी पड़ती जा रही है। जबकि यह ध्यान देने योग्य है कि कोई भी संघटना या सम्बन्ध सरलीकृत ढंग से नहीं घटित होता।[1] बहु-प्रकार की जटिलता, बहुप्रकार के तत्त्वों, तथ्यों से मिलकर कोई भी संघटना विचार या जीवन दोनों ही क्षेत्रों में घटित होती है। अतः इनमें सम्बन्धों की सम्भावना का बहुरूप स्वाभाविक है। इसलिए गाथा को इतिहास के सन्दर्भ में, इतिहास को गाथा के सन्दर्भ में खारिज करते आने की प्रवृत्ति ने एक तो हमारे भीतर आ रही सरलीकरण की सूचना दी है, दूसरी तरफ हम उनका इतिहास रचने के इस अजस्र स्रोत से भी वंचित रहे हैं। आज जबकि इतिहास लेखन अनेक चुनौतियों का सामना करते हुए

---

1. प्रो० सुधीरचन्द्र ने अपनी नवीन पुस्तक द आप्रेसिव प्रेजेण्ट (ओ० यू० पी० 1992 दिल्ली) में इस प्रकार की सम्बन्धिता के दोषों पर विचार किया है।

नवीन रूप, नवीन प्राविधि को प्राप्त करता जा रहा है, यह सही समय है कि इस गलती को भी सुधार लिया जाये।

इस दुर्घटना का एक कारण यह भी है कि जब एक राष्ट्र में शिक्षा का प्रसार होने लगता है, तो वह अपने मौखिक साहित्य का अनादर करने लगता है। हम अपने मौखिक साहित्य को अपनाने में लज्जा का अनुभव करते हैं और इस प्रकार प्रगतिवान संस्कृति आश्चर्य जनक ढंग से मौखिक साहित्य को नष्ट कर डालती है।[2] पुनः लोक गाथाओं में "बौद्धिकता से बहिष्कृत"[3] समझने के आभिजात्य मनोवृत्ति के कारण ही हमसे यह गलती होती रही है।

'लोक गाथा' मुख्यतः 'कथात्मक गीतों' को कहते हैं, जिनकी उपस्थिति प्रायः विश्व की सभी लोक भाषाओं में दर्ज की गयी है। अंग्रेजी तथा फ्रेंच में कथात्मक गीतों को 'बैलेड्स' कहा जाता है। जर्मनी में इन्हें 'ह्वोक स्लाइडर' डेनमार्क में 'फोकवाइजर' तथा स्पेन में 'रोमेन केरो' कहा जाता है। भारत में लोक गाथा को महाराष्ट्र में 'पंवाड़ा' कहा जाता है।[4] यहाँ शिवाजी तथा तानाजी के पंवाड़े अत्यन्त प्रसिद्ध हैं। गुजरात में इस प्रकार के गीतों के लिए, 'कथागीत' का नाम प्रयुक्त होता है।[5] उत्तर भारत में प्रायः इन्हें इनके नायकों के नाम से सम्बोधित किया जाता है यथा बंगला में 'गोपी चन्द्रेर गाना', पंजाब में 'सोनी महीवाल', भोजपुरी में 'कुँवर सिंह', लोरिका, विजयमल, आल्हा, इत्यादि।

यूँ भी भारतीय लोक की अभिव्यक्ति का यह माध्यम परम्परा से ही प्राप्त हुआ है। वैदिक युग में शुभ अवसरों पर गाये जाने वाले गीतों के रूप में गाथाएँ उपस्थित हैं। पुराणों में 'सुवर्ण की गाथा' तथा 'कद्र एवं विनीता की गाथा' इसके उदाहरण हैं।[6] पुराण शब्द 'पुराभावम' अथवा 'पुरानीयते' से बना है। अतः अपने शाब्दिक अर्थ में पुराण प्राचीन काल की वस्तुओं अथवा कथाओं, गाथाओं से ही जुड़ा हुआ है। वास्तव में वेद, पुराण, इतिहास, आख्यान तथा ब्राह्मण ग्रन्थों में यत्र-तत्र लोक गाथाओं का

---

2. एफ० जे० चाइल्ड ई० एण्ड ए० का० पा० बै भूमिका भाग, पृष्ठ 32।
3. एफ० बी० गुमेर, ओल्ड इंगलिश बैलेड्स, भूमिका भाग, पृष्ठ 32।
4. सत्यव्रत सिन्हा, भोजपुरी लोकगाथा हिन्दुस्तानी एकेडेमी, उ० प्र० इलाहाबाद 1957।
5. झेवरचन्द मेघाणी, लोक साहित्य, पृष्ठ 50।
6. विंटरनित्ज हिस्ट्री आफ द इण्डियन लिट्रेचर, पृष्ठ 32।

इतिहास प्राप्त होता है।[1] प्रत्येक उत्सव एवं यज्ञ के आरम्भ में देव गाथा, वीर गाथा, तथा अन्य कथाओं का गायन एवं श्रवण होता था। चूणाकर्म, संस्कार तथा गर्भवती स्त्रियों के मंगल प्रसव के लिए भी भिन्न-भिन्न कथागीत गाये जाते थे। जिन्हें 'पुंसवन' कहा जाता था। इस प्रकार लोक गाथाएँ भारतीय मानुष के प्रारम्भ से ी "उसके उद्योग के कारण" उसके संग-संग निर्मित एवं विकसित होती रही है।[2] इस प्रकार वे एक तरह से भारतीय मानुष के इतिहास का पाठ्य है जिनमें आदमी के सामाजिक आर्थिक, सांस्कृतिक, धार्मिक, आध्यात्मिक इतिहास के विकास की रेखा का अध्ययन किया जा सकता है। यह पाठ्य अधिकांशतः मौखिक है क्योंकि यह लोकमात्र की वह सम्पत्ति है जिसका प्रसार मौखिक रूप से होता है।[3] कुछ लोकायनविदों का मानना है कि लिखित होते ही इनकी मृत्यु की सम्भावना दीखने लगती है।

लोक गाथाओं का पाठ के रूप में स्वीकार कुछ बौद्धिकों के लिए इतिहास के सम्बन्ध में उनके अपने ही पूर्वाग्रहों के कारण कठिन हो सकता है। किन्तु पाठ जो एक प्रकार से संवाद का व्यवहार एवं अभ्यास है, में जनता सहभागी होती है।[4] के सन्दर्भ में लोक गाथाएँ एक पाठ की विशेषताएँ ग्रहण करती प्रतीत होती हैं क्योंकि इनकी रचना जन की सक्रिय प्रकार्यात्मक अन्तः संवाद के कारण ही सम्भव होता है। जन अपने सम्पूर्ण कार्य एवं व्यवहार प्रक्रिया से अपना पाठ स्वयं रचता है। यह पाठ उसके सामूहिक एवं आत्म के संयोग से निर्मित होता हुआ उसका सामाजिक पाठ बनता है। इस प्रकार लोक गाथा का पाठ जो अपने रचनात्मक रूप में अम्बटों इको की माँग "सेण्डर्र्स' मैसेजेज कॉण्टेक्स्ट एण्ड एड्रेसेज"[5] को सम्मिलित करता है को सामाजिक इतिहास के एक पाठ के रूप में देखा जाना चाहिए।

---

1. ऐतरेय ब्राह्मण, 7।18।
2. विंटरनित्ज, हिस्ट्री आफ द इण्डियन लिट्रेचर, वाल्यूम, पृष्ठ 311।
3. फ्रैंक सिजविक, ओल्ड बैलेड्स भूमिका भाग, पृष्ठ 3।
4. जिम मेसेलोस, द सिटी एज रिप्रिन्टेड इन क्राउन एक्सन, बाम्पे, 1893।
5. अम्बटो इको, इण्ट्रोडक्सन आफ द रोल आफ द रीडर एक्सप्लारेशन्स इन सेमियोटिक्स टेक्सट्स में संकलित, इंचिसनलंदन, 1991, पृष्ठ 3-43।

यदि लोक गाथाओं की संरचना का विवेचन किया जाये तो स्पष्ट होता है कि लोक गाथाएँ एक सुसंगत पाठ के रूप में उपस्थित होती हैं। ये प्रस्तावना से प्रारम्भ होती हैं और निष्कर्ष पर समाप्त होती हैं।[1] लोक गाथाएँ किसी भी कथा को संक्षेप में कहती हैं। इनका प्लाट सरल तथा छोटा होता है। कथा कहने का ढंग नाटकीय होता है। इनमें विवरणों का सुसंगत प्रयोग होता है। इन्हीं विवरणों में समाज, जीवन और इतिहास का छाप होता है।

किसी भी साहित्यिक स्रोत को इतिहास के पाठ के रूप में स्वीकार करने के पूर्व प्रायः दो प्रश्न पूछा जाता है—इसका लेखक कौन है? इसका रचना काल क्या है? आइए—पहले इन प्रश्नों को सुलझाने का प्रयास करें, प्रथम प्रश्न 'लोक गाथाओं' का रचयिता कौन है, पर लोकायन विदों ने व्यापक विमर्श किया है। लोकविद्या के सैद्धान्तिक साहित्य में इसके लिए ग्रीम का लोक निर्मित वाद, गुमेर का समुदायवाद, स्तेन्थल का जातिवाद की अवधारणा, एफ० जे० चाइल्ड का व्यक्तित्वहीन व्यक्तिवाद की अवधारणा, विशपपर्सी का चारणवाद, ए० डब्ल्यू० श्लेंगल का व्यक्तिवाद की अवधारणा विद्यमान है।[2] लोक गाथा के रचयिता के प्रश्न पर उपस्थित विचारों की अगर मीमांसा की जाये तो इनसे दो मुख्य बातें निकलती हैं, प्रथम मत, उन विद्वानगणों का है जो लोक गाथा को समस्त लोक की रचना मानते हैं। द्वितीय के मत के विचारकों का मानना है कि इनका रचयिता कोई न कोई व्यक्ति रहा होगा। परन्तु ये विद्वान लोक गाथाओं में व्यक्ति की व्यक्तित्वहीनता एवं लोक गाथाओं पर सम्पूर्ण समाज के अधिकार को स्वीकार करते हैं, इस प्रकार अभी भी जर्मन भाषाशास्त्री ग्रीम का मत 'लोक ही लोक गाथाओं का रचयिता है'[3] सर्वाधिक प्रासंगिक एवं स्वीकार्य है।

कोई भी इतिहासकार सीधा प्रश्न करता है इस लोक गाथा का रचनाकाल क्या है? यह प्रश्न दो कालों से उत्पन्न होता है—प्रथम, आभिजात्य इतिहासकारों का लोक स्रोतों के प्रति पूर्वग्रह के कारण, द्वितीय

---

1. फ्रैंक सिजविक, ओल्ड बैलेड्स, कैम्ब्रिज यूनियन प्रेस, 1909, पृष्ठ 9।
2. इस सन्दर्भ में विस्तृत व्याख्या के लिए द्रष्टव्य है डा० सत्यव्रत सिन्हा की पुस्तक भोजपुरी लोकगाथा, हिन्दुस्तानी एकेडेमी, उ० प्र० 1957।
3. इन्साइक्लोपीडिया ब्रिटैनिका, बैलेड्स, पृष्ठ 994।

इतिहासकार द्वारा सुविधा का इतिहास लिखने के अभ्यस्त होने के कारण, जिसके कारण उसके लिए सारी सामग्री गजेटियरों की तरह समय सारिणी में आबद्ध होकर पुस्तकालयों में रखी होनी चाहिए। यदि इतिहास का चरम लक्ष्य ''खोये हुए समय की प्राप्ति है'' तो इसके लिए हमें भी लोक गाथाओं से समय की प्राप्ति का प्रयास करना चाहिए। इसके लिए विनयपूर्वक हमारा आवेदन है कि लोक गाथाओं का ढाँचा गत प्रकार्यात्मक विश्लेषण भाषा वैज्ञानिक, मानव वैज्ञानिक तथा सामाजिक इतिहास के तकनीकी से कर हम लोक स्रोतों के समय की प्राप्ति कर सकते हैं।[1] किन्तु पुनः कठिनाई होगी, समय की लोक अवधारणा का समय की आभिजात्य अवधारणा में रूपान्तरण का।[2] वस्तुतः लोक गाथाओं के स्रोतों का उपयोग करने के लिए हमें 'एकांगी बौद्धिकता' की अवधारणा से ऊपर उठकर सम्पूर्ण बौद्धिकता विकसित करनी होगी, जिसके पास अनेक तकनीकि हो, अनेक प्राविधिक हो, अनेक संज्ञान हो, साथ में तीव्र लोक विवेक एवं लोक ज्ञान हो।

इतिहास लेखन में वृत्तान्त विकसित करने का तथा वृत्तान्त के उपयोग का प्रयास काफी परिपक्व स्थिति में पहुँच रहा है। किन्तु प्राचीन काल में इतिहास के लिए यह वृत्तान्त लिखित वैदिक पाठकों से, मध्यकाल के लिए मुख्यतः फारसी पाठों से तथा आधुनिक काल के लिए गजेटियरों, प्रशासकों की डायरियों से मुख्यतः प्राप्त किया है। प्राचीन से लेकर आधुनिक काल तक के सम्पूर्ण मौखिक वृत्तान्त का उपयोग हमने नहीं किया है। किन्तु भारतीय इतिहास लेखन में एक सुखद लक्षण दिखाई पड़ रहा है कि समकालीन इतिहास लेखन का सर्वाधिक तेजस्वी उपाश्रयी इतिहासकारों के संवर्ग में वृत्तान्तों (लिखित तथा मौखिक) के सफल उपयोग की प्रवृत्ति बढ़ी है।[3] इन लोगों ने शोध लेखन में भी वृत्तान्त परकता को अत्यंत परिपक्व ढंग से विकसित किया है।

---

1. इस पर विस्तृत विमर्श के लिए देखें मेरा अध्ययन 'लोक संस्कृति और इतिहास' कथ्यरूप, इतिहास पुस्तिका क्रम-1, कथ्यरूप, इलाहाबाद 1993 द्रष्टव्य है।
2. वही।
3. इस सन्दर्भ में रणजीत गुहा द्वारा सम्पादित सबाल्र्टन स्टडीज के अब तक के प्रकाशित सात खण्ड द्रष्टव्य है। ओ० यू० पी० दिल्ली।

लोक गाथाओं का सम्पूर्ण ढाँचा एक जीवन्त वृत्तान्त-परकता पर आधारित होता है। लोक गाथाओं की वृत्तान्त-परकता ही इसे अन्य लोक गीतों से पृथक करती है। लोक गाथाओं का वृत्तान्त मात्र भूत न होकर वर्तमान से संवाद कर रहा होता है तथा भविष्य की झाँकी उपस्थित कर रहा होता है। इस प्रकार लोक गाथाओं का वृत्तान्त 'इतिहास में इतिहास का' निरन्तर समय विकसित करता है।

इस प्रकार इतिहास के साहित्य के अत्यन्त विनम्रतापूर्वक किन्तु अनेक कठिनाइयों को महसूस करते हुए भी मैं लोक गाथाओं को सामाजिक इतिहास के पाठ के रूप में प्रस्तावित करना चाहूँगा।

यह सत्य है कि लोक गाथाओं में प्रक्षिप्तियाँ हैं। किन्तु ये प्रक्षिप्तियाँ भी कई बार रोचक सामाजिक ऐतिहासिक निष्कर्षों तक ले जाती है। यह भी सत्य है कि एक लोक गाथा के कई रूप सक्रिय हैं। किन्तु रूपों का यह अन्तर भी नये ऐतिहासिक प्रश्न खड़ा करता है।

मैं यहाँ यह स्पष्ट कर देना चाहूँगा कि इस लेख में मेरा आशय लोक-गाथाओं से इतिहास निर्माण नहीं, बल्कि लोक गाथाओं को इतिहास के पाठ के रूप में देखने की संभावनाओं पर विचार करना है।

इसमें पाठ के रूप में मैं जिन मौखिक लोक गाथाओं से संवाद कर रहा हूँ, वे प्रायः भोजपुरी अंचलों से ली गयी हैं। हालाँकि ये अन्य लोक भाषाओं एवं सांस्कृतिक क्षेत्रों में भी सक्रिय है। किन्तु इस क्षेत्र से जुड़े होने के कारण हमने इन्हीं से संवाद स्थापित करने का प्रयास किया है। भोजपुरी क्षेत्र की संज्ञा उस सांस्कृतिक परिक्षेत्र को दी जाती है जिसकी भाषा भोजपुरी है। यह सांस्कृतिक क्षेत्र बिहार एवं पूर्वी उत्तर प्रदेश को अपने में शामिल किए हुए है। बिहार की तीन बोलियों में विस्तार एवं व्यापकता की दृष्टि से भोजपुरी अग्रगण्य है। उत्तर में हिमालय की तराई से लेकर दक्षिण में मध्य प्रान्त की सरगुजा रियासत तक इस बोली का विस्तार है। इसमें पूर्वी उत्तर प्रदेश के बनारस, मिर्जापुर, गोरखपुर, आजमगढ़ तथा बस्ती जिले के हरया तहसील में स्थित कुबानों नदी तक भोजपुरी बोलने वालों का आधिपत्य है। बिहार के शाहाबाद, सारन, चम्पारन, राँची, जयपुर स्टेट, पालामऊ का कुछ भाग तथा मुजफ्फरपुर के उत्तरी पश्चिमी कोने में इस बोली के बोलने वाले निवास करते हैं। इस प्रकार भोजपुरी क्षेत्रफल की दृष्टि से पचास

हजार वर्गमील में व्याप्त है।[1]

भोजपुरी एक विस्तृत क्षेत्र की भाषा है। इसके कई रूप प्रचलित हैं। लोकायनविदों ने मुख्यतया इसके तीन भेद स्वीकार किए हैं—प्रथम, आदर्श, भोजपुरी जो भोजपुर गाँव के आसपास तथा शाहाबाद, बलिया, गाजीपुर आदि दक्षिणी जिलों में बोली जाती है। इसके भी दो भेद किये गये हैं—दक्षिणी भोजपुरी, जिसका उल्लेख ऊपर किया है तथा दूसरा उत्तरी भोजपुरी जोकि गोरखपुर, बस्ती तथा सारन जिलों में बोली जाती है।

लोकायन विदों ने भोजपुरी का दूसरा प्रकार 'पश्चिमी भोजपुरी माना है जोकि फैजाबाद, जौनपुर, आजमगढ़ तथा गाजीपुर जिले के पश्चिमी भाग में बोली जाती है। पश्चिमी भोजपुरी भारतीय आर्य भाषाओं के पूर्वी समुदाय की सबसे पश्चिमी सीमान्त बोली है जो अवधी आदि से समानता रखती है।

भोजपुरी का तृतीय भेद 'नगपुरिया' है। छोटा नागपुर तथा उसके आसपास नगपुरिया भोजपुरी बोली जाती है। नगपुरिया पर छत्तीसगढ़ी बोली का अत्यधिक प्रभाव है। इनके अतिरिक्त भोजपुरी के अन्य रूप 'मधेसी' (मैथिली) एवं गोरखपुर के भोजपुरी के बीच वाले उत्तरी प्रदेश में बोली जाती है तथा 'थारू' (नेपाल की तराई में बोली जाने वाली भाषा है)

ये भाषाशास्त्रीय विभाजन लोकगाथाओं के रूपों में दिखाई पड़ता है। किन्तु उनकी आत्मा एक है। भोजपुरी लोक गाथाओं की दुनिया अत्यन्त व्यापक है। अतः मैं अपनी गवेषणा भोजपुरी क्षेत्र की एक लोक गाथा "शोभनायक बनजारा" की कथा पर केन्द्रित कर रहा हूँ। यह गाथा 'शोभनायक' नामक बंजारे पर केन्द्रित है। बनजारा पूर्व आधुनिक काल के आर्थिक इतिहास में महत्त्वपूर्ण भूमिका निभाने वाली जाति है। एक लम्बे समय तक महत्त्वपूर्ण व्यापारिक एवं आर्थिक गतिविधियाँ इस जाति के माध्यम से संचालित होती थीं। ये गाँवों से उत्पादन मण्डियों तक ले जाते थे तथा मण्डियों से ग्रामीण आवश्यकता की वस्तुएँ ले आते थे। जब रेल एवं नये संचार साधनों का विकास हुआ तो इस जाति की आर्थिक महत्ता कम होने लगी और धीरे-धीरे यह हमारे सामाजिक आर्थिक इतिहास से गायब होने लगी। यह लोक गाथा मूलतः आर्थिक एवं व्यापारिक अन्तः

---

1. डॉ० उदय नारायण तिवारी, भोजपुरी नामाकरण पत्रिका, पृ० 163-64।

तत्त्वों की कथा है जिसका रूप प्रेमाख्यानात्मक है इसमें बाँसडीह नगर का शंभू बनजारा का पुत्र 'शोभनायक' सोलह सौ बैलों का काफिला लेकर व्यापार करने मोरंग देश जाता है। इन बैलों पर जीरा लदा था इसमें तत्कालीन व्यापारिक मार्गों की सूचना है। मोरंग, तिरहुत, बाँसडीह, बहराइच, बरहज बाजार की व्यापारिक मण्डियों की सूचना है। मौखिक इतिहास के इन स्रोतों से लिखित स्रोतों से भी पूर्व आधुनिक काल में इन व्यापारिक मण्डियों की सक्रियता की सूचना मिलती है। इसमें चुंगियों की प्रथा की सूचना है। इसमें मुनीम माधव मगहिया की सामाजिक भूमिका की सूचना है। इसमें काशी नगर एवं तिरहुत के बाजारों की सूचना है। इन आँकड़ों के पश्चात यह व्यापारी समाज की कहानी के रूप में उपस्थित होता है। अनेक वर्षों के लिए व्यापार करने पर देश जाना व्यापारियों का पुरातन नियम है। उनकी स्त्रियों के विरह का यथार्थ इस लोक गाथा के तन्तुओं को रचता है। इसे मात्र एक प्रेम कथा के रूप में देखना अनैतिहासिक होगा।

शोभनायक बंजारा के पाठ को इतिहास के सन्दर्भ में अवस्थित करने का हमें प्रयास करना ही चाहिए। वस्तुतः भारतीय इतिहास लेखन एक लम्बे समय तक आभिजात्यता के प्रभाव में रहा है।[1] इस आभिजात्यवाद के प्रभाव में पैदा हुई अनैतिहासिक इतिहास लेखन द्वारा जन की राजनीति को अनदेखा किया गया है।[2] इसी इतिहास लेखन ने 'जन इतिहास' रचने की चिन्ता को महत्त्वपूर्ण नहीं होने दिया। इसी ने सदैव 'जन और लोकस्रोतों' को अविश्वसनीय बनाने की नयी-नयी विधियाँ ईजाद की। इसी ने जन को और जन स्रोतों को इतिहास की परिधि से बाहर रखा। इसी इतिहास लेखन के आतंक एवं घटाटोप से मुक्त होते हुए 'शोभनायक' बनजारे की कथा को जन द्वारा रचित जन के सामाजिक इतिहास का जनस्रोत के रूप में देखने की संभावना पर हमें विचार करना चाहिए। वस्तुतः शोभनायक बनजारा जो इस गाथा का नायक है, तेली जाति का है। इसकी नायिका भी इसी वर्ग की है। जॉर्ज ग्रियर्सन ने भी इस गाथा के चरित्रों को सौदागर संवर्ग से जुड़ा बताया है।[3] पारम्परिक रूप से इसको गाने वाले भी प्रायः उपाश्रयी

---

1. रणजीत गुहा, सबाल्टर्न जिल्द 1 ओ० यू० पी० 1982।
2. वही, पृष्ठ 4।
3. जेड० डी० एम० जी० 1884, पृष्ठ 468।

समुदाय लोग तेली एवं नेटुआ है। इन्हें गा गाकर ये समुदाय इनमें अपनी अस्मिता एवं समुदाय खोजते हैं। ये जातियाँ शोभनायक बनजारा के इतिहास से अपने को जोड़ती हैं और उसे अपने इतिहास के रूप में सृजित भी करती हैं। इस लोक गाथा से प्राक् औपनिवेशिक भारतीय समाज में वैश्यों, व्यापारियों एवं शूद्रों की स्थिति स्पष्ट होती है। इसमें भारतीय शूद्र के जीवन का महान चित्र उपस्थित किया गया है।[1] उस शूद्र का जिसका न हमारे पास मध्यकाल एवं औपनिवेशिक काल का इतिहास है और न उसके इतिहास की रचना का कोई स्रोत है। अतः इस लोक गाथा को शूद्रों के इतिहास रचना के एक खोए हुए पाठ के रूप में भी देखा जाना चाहिए। दूसरे शब्दों में कहें तो यह 'उपाश्रयी संवर्ग' के इतिहास का एक पाठ हो सकता है।

यह एक बनजारे की इथनोग्राफी है। इसमें व्यापार की स्थिति, व्यापार एवं मण्डियों का सम्बन्ध, पूर्वी प्रदेशों में मण्डियों की सूचना एवं उनका सामाजिक इतिहास, व्यापार की कठिनाइयों एवं उसका सामाजिक प्रभाव, तत्कालीन शक्ति का ढाँचा एवं व्यापार इत्यादि सामाजिक इतिहास के प्रश्नों के उत्तर इसमें निहित हैं।[2] जब संचार के साधन विकसित नहीं थे, तब व्यापारियों को लम्बे समय के लिए व्यापार कार्य से जाना पड़ता था। इस अन्तराल में उनकी स्त्रियों का विरह एवं उन्हें दी जाने वाली सामाजिक यातनाएँ इसमें मुखरित हैं। इस प्रकार यह स्रोत एक व्यापारी के परिवार के सम्पूर्ण ढाँचा, विघटन बिखराव को भी स्पष्ट करता है। इससे प्राक्औपनिवेशिक काल में एक व्यापारी की पत्नी का सामाजिक इतिहास भी रचा जा सकता है।

इस लोक गाथा में पूर्वी प्रदेश की मण्डियों मोरंग, तिरहुत, बाँसडीह, बहराइच, बरहज बाजार की सूचना भी मिलती है। इनके व्यापारिक मार्ग भौगोलिक निर्माण तथा व्यापार की स्थिति की भी सूचना मिलती है।[3] इस लोक गाथा में वर्णित मोरंग जिसे जार्ज ग्रियर्सन हिमालय की तराई के पूर्वी भाग के रूप में खोजते हैं, आज भी चावल के व्यापार के

---

1. सत्यव्रत सिन्हा भोजपुरी लोकगाथा हिन्दुस्तानी एकेडेमी उ० प्र० 1957, पृ० 208।
2. इन व्यापारिक केन्द्रों की सक्रियता के बारे में मध्यकालीन सामाजिक आर्थिक इतिहास के विज्ञान भी सहमत है।
3. जार्ज ग्रियर्सन, जे० डी० एम० जी० 1888, पृ० 468।

लिए प्रसिद्ध है।

इसमें बाँसडीह, बलिया जिले में एक कस्बा और स्टेशन है। यह भी गल्ले के व्यापार का एक बड़ा केन्द्र है। बरहज बाजार सरयू नदी के उत्तरी किनारे पर गोरखपुर जिले में स्थित है जो नदी के किनारे होने के कारण व्यापार का बड़ा केन्द्र है।

इस प्रकार यह लोक गाथा भारत के आर्थिक इतिहास की रचना में भी उपयोगी भूमिका निभा सकता है। वस्तुत; यह भोजपुरी व्यापारियों के दैनिक जीवन की कथा है, जिसमें उनके दैनिक जीवन का इतिहास छुपा हुआ है।

"यह गीत भोजपुरी समाज के साधारण जीवन को प्रस्तुत करता है। व्यापारी लोग बैलों पर सामान लादकर चावल की खोज में नेपाल की तराई में जाया करते थे। उसे 'पटना चावल' के नाम से बेचते थे। यह पटना चावल कलकता के द्वारा सारे संसार में जाता था। चावल के अतिरिक्त तेल के बीज का भी व्यापार होता था जिससे जर्मन व्यापारियों ने अकूत धन कमाया।[1]

इस प्रकार यह लोक गाथा प्राक्औपनिवेशिक काल के सामाजिक और आर्थिक इतिहास की रचना का एक दस्तावेज है। इससे सामाजिक, आर्थिक, इतिहास को विखण्डित ढंग से नहीं बल्कि सम्पूर्ण भारतीय सांस्कृतिक सन्दर्भ में देखने में हमें सहायता मिलेगी। जिससे हम इतिहास का एक समग्र दृष्टिकोण विकसित कर सकते हैं। इसमें भारतीय जन संस्कृति का आदर्श परिलक्षित होता है।

प्रायः समस्त भोजपुरी लोक गाथाएँ समाज के निम्न वर्ग के जीवन को चित्रित करती हैं।[2] लोक गाथाओं में शूद्रों की अनेक जातियों जैसे नाई, चमार, कहार, मल्लाह, धोबी, दुसाध तथा अहीर का वृत्तान्तपरक इतिहास मिलता है। इनमें जहाँ ग्रामीण आभिजात्य एवं सामन्ती ढाँचा के प्रति उपाश्रयी वर्गों शूद्रों के प्रतिरोध की कथा दिखाई पड़ती है।[3] वहीं उपाश्रयी वर्गों के प्रति उच्च समाज का दृष्टिकोण भी दिखाई पड़ता है। लोरिकायन

---

1. जार्ज ग्रियर्सन, जे० डी० एम० जी० 1888, पृ० 468।
2. इस सन्दर्भ में रेशमा और चूहड़मल' की गाथा द्रष्टव्य है जिसमें चूहड़मल दुसाध जाति का है।
3. डॉ० सत्यव्रत सिन्हा, भोजपुरी लोक गाथा, हिन्दुस्तानी एकेडेमी उ० प्र०।

नामक लोक गाथा में लोरिक अपने जन्म के समय कहता है—

सुनबे त सुन ब माता कहल रे हमार,
घरवा में धगड़िन (चमारिन) माता लेबू जो बुलाय।
हमरे धरमवा ए माता जँइहे हो नसाय,
घर के बहरवे धगड़िन के रखहु बिलमाय।

ये लोक गाथाएँ गाथा से ज्यादा कुछ है। इनमें इतिहास के अनुत्तरित प्रश्नों के उत्तरों की अनुगूँज हम सुन सकते हैं।

●●●

लोकायन की आन्तरिक गतिकी

लोकायन की आन्तरिक गतिकी क्या है? किन अन्तःक्रियाओं के फलस्वरूप लोकायन का जन्म होता है, ये प्रश्न लोकायन विदों एवं समाज वैज्ञानिकों को सदैव आकर्षित करते हैं। वस्तुतः लोकायनों की आन्तरिक गतिकी निरन्तरता के सन्दर्भ में विकसित होती है और स्वयं निरन्तरता का सन्दर्भ भी विकसित करती है। इस निरन्तरता का निर्माण सामाजिक अभिक्रिया के समग्र में संभव होता है। यह सामाजिक अभिक्रिया जिनका प्रतिफलन होती है, उन्हीं में प्रतिफलित भी होती है। इस प्रतिफलन-प्रतिफलित अन्तःसम्बन्ध से जिन संघटनाओं का निर्माण होता है, उनमें घटित-विघटित, निर्मित-विनिर्मित, पुनर्निर्मित परिवर्तित होती जाती सामाजिक संभावनाएँ प्रमुख हैं जिन्हें सामाजिक गतिकी के रूप में भी समझा जा सकता है। जिस सामाजिक पर्यावरण में लोक चेतना उपस्थित होती है, जिस लोक समाज में लोकायनों की रचना होती है उसका चिह्न लोकायनों में स्पष्ट रूप से देखा जा सकता है, लोकायनों की संपूर्ण संरचना में सामाजिक घटनाओं की प्रतीकात्मक ध्वनि होती है, जिन्हें सुनने के लिए बौद्धिक श्रवण शक्ति से भिन्न हमें लोक श्रवण शक्ति विकसित करने की आवश्यकता होगी यह "श्रवण शक्ति" लोक विवेक से ही विकसित हो सकती है।

"प्रतीकात्मकता" लोकायनों की विशेषता है। लोकायनों की भाषा प्रतीकात्मक होती है। जब तक इतिहासकार लोक की प्रतीकात्मकता को नहीं समझेंगे, तब तक लोकायनों को समझना कठिन होगा।[1] मनोविश्लेषकीय

1. प्रो० जे० एल० हाण्डू द्वारा सेण्ट्रल इन्स्टीट्यूट ऑफ इण्डियन लैंग्वेजेज द्वारा आयोजित सेमीनार (22-24 फरवरी) में दिया गया वक्तव्य।

शोधों के द्वारा भी लोकायनों में प्रतीक का महत्त्व स्थापित हुआ है। किन्तु धीरे-धीरे हमारे ज्ञान के क्षेत्र में प्रतीकात्मक भाषा का महत्त्व कम होता गया। इसके कारणों की व्याख्या करते हुए प्रमुख विद्वान एरिकफ्रॉम का कथन है कि "आधुनिक युग के तर्कणावादी प्रभाव में प्रतीकात्मक भाषा का महत्त्वपूर्णमूला दिया गया।"[1] लोकायनों का मिथक शास्त्र जो प्रतीकात्मकता से लबालब होता है, को प्रमुख सामाजिक चिन्तक आनन्द कुमार स्वामी "मानुष के अत्यन्त गहरे पराभौतिक अन्तर्दृष्टि के माध्यम के रूप में देखते हैं।[2] मिथक पर अपने किये गये अध्ययन में हेनरिक जिगर भी इस तरह की मान्यताएँ स्थापित करते हैं। किन्तु 'स्व' के भीतर लोकविवेक का जागरण न होने के कारण हमारे बौद्धिक उन्हें अतिशयोक्ति एवं झूठ कहकर अपनी विखण्डित बौद्धिकता का प्रमाण देते हैं। लोकायनों की प्रतीकात्मकता एवं समकालीन बौद्धिकता में उसकी समझदारी की समस्या पर विचार करते हुए आनन्द कुमार स्वामी उचित ही कहते हैं कि हम लोकायनों, लोक स्रोतों के अध्ययन के बिना उसके सम्बन्ध में उचित योग्यता विकसित किये बिना ही उसके सम्बन्ध में निर्णय दिये जाते हैं। वस्तुतः लोकज्ञान हमारे समकालीन समय के सामान्यज्ञान से चेतना के ज्यादा उच्च धरातल पर अवस्थित होता है।[3]

जब तक ज्ञानी लोकायनों में प्रतीकात्मकता के महत्त्व को नहीं समझेंगे, तब तक लोकायनों के कथानक का संसार हमारे समझ से परे रह जायेगा। भोजपुरी लोकायन प्रतीकों से भरे हैं। ये प्रतीक जड़ एवं चेतन दोनों जगत से ग्रहण किये गये हैं। पशु, पक्षी, प्रकृति, सामाजिक पर्यावरण, पुष्प, पादप, वृक्ष को लोकचेतना प्रतीकों के रूप में ग्रहण करता है। लोक का अपने जगत से सम्बन्ध अत्यन्त सरल दीखते हुए भी जटिल होता है। इस जटिलता का अहसास शब्दों एवं वाक्यों के बाद की दुनिया को भाषावैज्ञानिक एवं मनोवैज्ञानिक ढंग से समझकर किया जा सकता है। लोकायनों का यथार्थ बहुआयामी होता है। इसे न एक आयाम के सन्दर्भ में, न ही किसी एक प्रविधि से समझा जा सकता है।

---

1. एरिक फ्रॉम 'द फारगटेन नॉलेज", न्यूयार्क, रिनेहार्ट एण्ड का०, 1950।
2. प्रो. इन्द्रदेव फ़ॉक कल्चर एण्ड पिजेण्ट सोसाइटी, रावत पब्लिकेशंस, जयपुर, 1989, पृ० 86।
3. इसी शोध कार्य में प्रो० इन्द्रदेव हेनरिक जिमर के इस निष्कर्ष की चर्चा करते हैं।

भोजपुरी लोकायनों में हंस राजहंस, तोते, नानी की आँख, लाल एक प्रतीकात्मक संरचना है। शब्द यहाँ मात्र शब्द नहीं बल्कि प्रतीकात्मक आधार लेकर आते हैं। यह प्रक्रिया न केवल भोजपुरी में बल्कि विश्व के अन्य लोक समाज में रचित लोकायनों के सन्दर्भ में भी आविष्कृत की जा सकती है।

इस प्रकार लोकायनों की भाषा में प्रतीक एवं मिथक दो प्रमुख आधार होते हैं। लोकायन की भाषा सामान्य जन की भाषा होते हुए भी व्याख्या के लिए जटिल बौद्धिक चुनौतियाँ उपस्थित करती हैं। इनका समाधान लोक विवेक एवं बौद्धिक संज्ञानों के अन्तः संवाद से ही सम्भव है जिसकी प्राप्ति समकालीन समय में किसी भी बौद्धिक भद्रजन के लिए कोई आसान कार्य नहीं।

मिथक एक ही साथ ताला और कुंजी दोनों है, जो हमें लोकायनों में प्रवेश से रोकती भी है और उसके द्वार को खोलती भी है। अतः लोकायनों के अर्थ संसार में प्रवेश के लिए किसी भी सामाजिक इतिहासकार को मिथकीय भाषा की सैद्धान्तिक और व्यावहारिक समझदारी आवश्यक है पूरे विश्व में और स्वयं भारत में भी ज्ञानियों ने मिथकों की व्याख्या करने के अनेक प्रयास किये हैं। अधिकांश लोक विधाविदों ने मिथक को एक ऐसे कथानक के रूप में विश्लेषित किया है जो मानव और पशु का उद्भव विश्वास और परम्परा, देव और नायकों के उद्भव का वृत्तान्त कहती है तथा सतत उसे हमारी समकालीनता में स्थापित भी करती है। सोफिया बर्न ने अपनी पुस्तक "ए हैण्ड बुक आफ फोकलोर" में इसे ऐसे कथानक के रूप में देखा है जो आदि इतिहास को अपने में समाहित किये हैं। मिथक पर हुए मानव विज्ञानी और लोकविधावादी अध्ययनों में 'जेम्स फ्रेजर', जी० एल० गोथे और डब्ल्यू० आर० हालिडे ने मिथकों को पुरा विज्ञानी युग के विज्ञान के रूप में देखा है।

वस्तुतः इन सामान्य सैद्धान्तिक अवधारणाओं के अतिरिक्त प्रत्येक देश में मिथकों का पाठ्य भिन्न प्रकार की मौलिकता ग्रहण किये हुए होता है। जब तक हम भिन्न सामाजिक सांस्कृतिक तथा भिन्न पर्यावरण वाले देश में मिथक के बारे में समझदारी विकसित नहीं करते तब तक हम उचित निष्कर्ष पर नहीं पहुँच सकते। मिथकों के सम्बन्ध में समझदारी विकसित करने में एक दुर्घटना हुई। दुर्घटना यह हुई कि अंग्रेजी के 'मिथ' का अर्थ हमने 'मिथक' किया। मिथक अर्थात झूठ। हमने यह नहीं समझा कि

भारतीय सन्दर्भ में मिथ का अर्थ ''पुराण'' होना चाहिए। पुराण अर्थात् पुरा कथा। यह समझदारी नहीं होने के कारण हमने 'मिथक' चूँकि उक्त अर्थ में झूठी कथा है, को हमने इतिहास का पाठ नहीं माना जब कि भारतीय सन्दर्भ में मिथक झूठी कथा न होकर 'पुरा कथा' है।[1] जिसमें इतिहास के खोज की अनन्त संभावनाएँ हैं। वस्तुतः जहाँ इतिहास नहीं है जहाँ इतिहास खो गया है, वहाँ पुराण हमारे लिए एक पाठ का काम कर सकता है।

'मिथक' मानव चेतना की प्रतीकात्मक अभिव्यक्ति है। अतः इस प्रतीकात्मकता की व्याख्या कर हम मानव चेतना को समझ सकते हैं। मिथक के डिटेल्स में मानव की आदतें, रुचियाँ अंकित होती हैं। फ्रैंन्ज वॉअस ने इसे 'जनजातियों के आत्मकथा' के रूप में आविष्कृत किया है।

इस प्रकार लोकायन की आन्तरिक गति की हमें अपने पर उगे हुए इतिहास के चिह्नों को दिखाती है तथा हमारी तथाकथित बौद्धिकता से अपने को छुपाती भी है।

●●●

1. इस विचार सूत्र के लिए हम प्रो० एस० पी० नागेन्द्र जी के आभारी हैं।

लोक संस्कृति—व्याख्या एवं विश्लेषण के कुछ प्रकार

इन दिनों समाज विज्ञान की दुनिया में जो विवाद चल रहे हैं उनके एजेण्डा में लोक संस्कृति का महत्त्वपूर्ण स्थान है। इन विवादों के परिणामस्वरूप लोक संस्कृति के व्याख्या एवं विश्लेषण के एक तरफ पुराने प्रकार ढह रहे हैं, वहीं इनकी पुनर्रचना से नवीन प्रकारों का जन्म भी हो रहा है। इनके अतिरिक्त लोकसंस्कृति की व्याख्या एवं विश्लेषण के लिए समाज वैज्ञानिक नवीन आधार की रचना भी कर रहे हैं।

समाज वैज्ञानिक जिसे लोक संस्कृतिक कहते हैं, लोकविद् उसे ही 'लोकायन' कहते हैं। उड़ीसा के लोकविदों में 'लोकविधा' शब्द प्रचलित है। नामों को लेकर चलने वाले टकराहटों से पृथक उसकी सैद्धान्तिक अवधारणाओं से टकराना मुझे ज्यादा सार्थक लग रहा है।[1]

'लोकायन की परिभाषा के सम्बन्ध में भी अनेक विवाद हैं। किन्तु सर्वाधिक स्वीकृत परिभाषा के रूप में यूनेस्को के तकनीकी एवं विधिक समिति द्वारा 1-5-1987 को प्रस्तावित परिभाषा द्रष्टव्य है "लोकायन (व्यापक अर्थों में पारम्परिक लोकप्रिय लोक संस्कृति) समूहोन्मुख एवं परम्परा आधारित वह संस्कृति है जो समुदाय के लोगों की रचना एवं उनकी इच्छाओं एवं आकांक्षाओं की संवहिका तथा उनकी सांस्कृतिक अस्मिता की परिछाया भी है। इसके मूल्य एवं मानक मौखिक रूप से प्रवाहित होते हैं। भाषा, साहित्य, संगीत, नृत्य, खेल मिथक, कर्मकाण्ड,

1. विलियम जॉन टॉमस ने 1846 ई० में लोकायन शब्द का विशिष्ट सन्दर्भ में प्रयोग किया।

संस्कार, दस्तकारी, वस्तुकृति एवं अन्य कलाएँ इसके रूप होते हैं।"[1]

'लोकायन' शब्द वस्तुतः 'लोक' और 'अयन' दो शब्दों के मिश्रण से बना है। अब यहाँ प्रश्न उठता है कि हममें से 'लोक' कौन है? लोक संस्कृति के पुराने व्याख्याओं जिनके जनक ग्रीमस वगैरह रहे हैं, के अनुसार ग्रामीण, अशिक्षित, शिक्षितों के समाज में अशिक्षित ही लोक है। नगरों में 'लोकायन' नहीं हो सकता क्योंकि नगर लोक से भिन्न है। किन्तु प्रो० एलेन डण्डेस इन व्याख्याओं का प्रतिवाद करते हैं तथा कहते हैं कि लोक लोगों का समुदाय है जो समान सम्बद्धकारी तत्त्वों से जुड़ा है। ये समान सम्बद्धकारी तत्त्व हैं—समान भाषा, समान पेशा तथा समान धर्म कुछ भी हो सकता है। वस्तुतः 'लोक' एक लचीली अवधारणा है जो एक राष्ट्र की तरह बड़ा हो सकता है तथा एक परिवार की तरह छोटा।[2] आज तो ग्लोबल फॉक की बात की जा रही है।

लोकायन मानव की सांस्कृतिक परम्परा का अन्यतम आयाम है। यह जीवंत एवं परिवर्तनशील परम्परा है। यह सामाजिक एवं सांस्कृतिक विकास के लैण्डस्केप पर अपने को कई रूपों में अभिव्यक्त करता है। यह लोकप्रिय जातीय, क्षेत्रीय तथा राष्ट्रीय स्वरूपों में अपने को अभिव्यक्त करता है।

लोकायन के इन्हीं परिभाषाओं से संवाद करते हुए ही लोकायन के अध्ययन की विभिन्न पद्धतियाँ विकसित हुई हैं। इनमें एक ओर सौन्दर्य शास्त्रीय एवं ऐतिहासिक भौगोलिक जैसी थोड़ी पुरानी पड़ चुकी प्राविधियाँ हैं तो दूसरी ओर संरचनावाद एवं उत्तर आधुनिकता जैसी अत्याधुनिक प्राविधियाँ भी हैं।

लोक संस्कृति के अध्ययन की सौन्दर्यवादी पद्धति मूलतः ग्रीक दार्शनिक अरस्तू की प्रसिद्ध कृति पोयेटिक्स तथा भारतीय अलंकारवादियों की रचनाओं से उभरी है। इसमें लोकायन के मूलतः साहित्यिक सौन्दर्य का मूल्यांकन किया गया है।

तुलनात्मक पद्धति जो मूलतः फिनलैण्ड में प्रचलित है, 'फिनिश मेथड' के रूप में स्थापित है इसे दूसरे शब्दों में ऐतिहासिक भौगोलिक

---

1. यूनेस्को रिपोर्ट एनेक्सर 1987।
2. डॉ० दुलाल चौधरी, मेथॉडलॉजी इन फाकलोर रिसर्च एण्ड फिल्डवर्क, कलकत्ता, 1993।

पद्धति भी कहते हैं। फिनलैण्ड के विद्वानों ने इसका सफल उपयोग करते हुए किसी मिथक, कथा एवं गाथा के विविध प्रकारों का संकलन एवं विश्लेषण किया है। इसमें उन्होंने लोकायन के विविधताओं को दर्शाने के लिए 'ग्राफ' और 'नक्शे' का भी उपयोग किया है। किन्तु अनेक सफलताओं के बावजूद सचमुच इस पद्धति ने हमारा ध्यान तथ्यों में छपे दार्शनिक एवं आधिभौतिक प्रश्नों से दूर हटाया है।[1]

समाज वैज्ञानिकों के मध्य लोक संस्कृति के अध्ययन की एक अन्य प्राविधि 'मानव वैज्ञानिक' प्राविधि के रूप में एफ० वायस, बी० मैलिनोस्की इत्यादि के प्रयासों से प्रचलित हुआ। इस पद्धति ने निश्चित रूप से लोकायन की दुनिया को खोलने में कुंजी का काम किया। इससे लोक में शक्ति का ढाँचा, जाति एवं धार्मिक व्यवस्था इत्यादि सामाजिक आयामों को समझने में सुविधा हुई।

हालाँकि लोकायन के अध्ययन की मनोविश्लेषकीय पद्धति ने अत्याधिक लोकप्रियता पायी है। किन्तु सर्वाधिक सफलता एवं सर्वाधिक विवाद लोक संस्कृति के अध्यन की संरचनावादी प्रविधि को ही प्राप्त हुआ। इस लेख में मैं मूल रूप से लोकायन के अध्ययन में संरचनावाद की संभावनाओं एवं सीमाओं का अवलोकन करना चाहूँगा। वस्तुतः संरचनावादी सिद्धान्त या पद्धति फ्रेंच मानव वैज्ञानिक 'लेवी स्ट्रास' की चिन्तन की उपज है।[2] जिसने संसार के प्रायः सभी विधाओं एवं बौद्धिकों को लम्बे समय तक अपने प्रभाव में रखा। इसने मानव विज्ञान, मौखिक इतिहास, लोक संस्कृति तथा समाज विज्ञान के अन्य क्षेत्रों में अध्ययन एवं विश्लेषण की नयी संभावनाएँ खोली। ब्रुसेल्स में सामाजिक मानव विज्ञानी, फिल्म निर्माता 'लकड़े हस' ने, इंग्लैण्ड में 'नीधम' ने तथा इसी तरह अन्य देशों के अन्य बौद्धिकों ने इसका सफल प्रयोग किया। भारत में भी इस पद्धति का सफल प्रयोग समाज विज्ञान के क्षेत्र में किया गया। इस सन्दर्भ में बीनादास का अध्ययन स्ट्रक्चर एवं कागनीशन आस्पेक्ट आफ हिन्दु कास्ट एण्ड रिचुअल (ओ० यू० पी०, दिल्ली; 1977) द्रष्टव्य है।

---

1. रिचर्ड डॉरसन, करेण्ट एन्थ्रोपोलॉजी वाल्यूम-14, 1963।
2. लेवी स्ट्रॉस की प्रसिद्ध कृति से 'प्लेस स्ट्रक्चर्स एलिमेण्टायूरस डेला पैरेण्टे' से इस सिद्धान्त का विकास माना जाता है।

लोक विधा के क्षेत्र में ब्लादिमीर प्रॉप ने इसका सफल उपयोग किया। संरचनावादी पद्धति को लेकर किये गये अध्ययनों के अवलोकन से यह स्पष्ट हो जाता है कि 'यह वंश परम्परा, मिथक, कर्मकाण्ड इत्यादि के अध्ययन का एक सफल माध्यम है।'[1] प्रतीकों की विभिन्न व्यवस्थाओं की सम्बद्धता तथा उनमें 'परावर्तन की अवधारणा की तलाश' में इसने महत्त्वपूर्ण भूमिका निभायी है। संरचनावाद ने 'प्रतीकित विचार के अध्ययन में इथनोग्राफिक सन्दर्भों के अत्यन्त सूक्ष्म तत्वों की खोज करके महत्त्वपूर्ण योगदान दिया है। हालाँकि जॉन वेनसिना वगैरह का आरोप है कि यह सम्पूर्ण सांस्कृतिक सन्दर्भ, को रूपायित करने में असफल रहा है। 'नीधम' जो लम्बे समय तक संरचनावाद का प्रचारक रहा, बाद में चलकर उसका कटु आलोचक बन गया। हालाँकि इन बौद्धिकों के विचार का अध्ययन करने पर इनमें छिपा व्यक्तिगत पूर्वाग्रह भी दिखाई पड़ता है। किन्तु इनकी आलोचना के अतिवाद को हटा भी दिया जाये तो संरचनावाद की झलक रही सीमाओं से स्वयं संरचनावादी भी मुकर नहीं सकता। यह इसलिए हुआ कि कुछ मानव वैज्ञानिक आज भी संरचनावाद का उपभोग सन्दर्भों को तजकर करते रहे हैं।[2] इसके बावजूद भी संरचनावाद मिथक, कर्मकाण्ड, धर्म, संस्कृति के अध्ययन का एक सक्षम उपादान तो है ही। हाँ इसे लोक संस्कृति एवं मानव विज्ञान के अध्ययन का 'शाश्वत उपादान' समझना गलत होगा। इसमें परिवर्तित सामाजिक चुनौतियों को ध्यान में रखकर परिवर्द्धन आवश्यक होगा। इसी तरह का एक प्रयोग फ्रेंच समाज वैज्ञानिक डॉन स्पर्बर ने किया है, उन्होंने अपने शोध कार्यों में संरचनावाद का एक विकसित एवं तार्किक स्वरूप निर्मित करने का प्रयास किया है।[3] चॉमोस्की से प्रभावित स्पर्बर ने लेवीस्ट्रॉस के प्रतिदर्श में सुधार करते हुए विवाह व्यवस्था के सन्दर्भ में सामाजिक तंतु एवं प्रतीकात्मक चिह्नों में भेद किया है, जिसे लेवी स्ट्रॉस ने अनदेखा कर दिया था। किन्तु जहाँ स्पर्बर लेबी स्ट्रॉस के संरचनावाद के वंश व्यवस्था की अवधारणा पर आक्रमण करते हैं वहीं अतिवाद से प्रभावित लगते हैं। इस प्रकार संरचनावाद की

---

1. लकड़े हस ने करेण्ट एन्थ्रोपोलॉजी बाल्यूम 34, नवम्बर 3 जून 1993 में अपने साक्षात्कार में इस मत का व्यवस्थित विकास किया है।
2. वही।
3. डॉन स्पर्बर ने अपनी कृति ''ले टोटेमिज्में आजर्ड ह्यू में संरचनावाद का विकसित रूप प्रस्तुत किया है।

व्याख्या, उसके मूल्यांकन एवं प्रयोग के सन्दर्भ में हमें सदैव सतर्कता बरतनी होगी।

भारत में लोक संस्कृति की व्याख्या के लिए 19वीं शताब्दी में विकसित राष्ट्रवादी प्राविधि का प्रयोग सर्वाधिक हुआ है। रवीन्द्रनाथ टैगोर, नन्दलाल बोस ने राष्ट्रवादी पद्धति के विकास में सक्रिय सहयोग दिया। राष्ट्रवादी पद्धति ने लोकायन को राष्ट्रीय धारा से तो जोड़ा किन्तु इससे बहुत कुछ छूट गया। इस 'छूटे हुए' को देखते हुए बंगाल के लोकविद गुरुशादत्त ने लोकायन के क्षेत्रीय पक्ष पर जोर दिया हालाँकि उनका यह जोर बाद में चलकर लोकायन की क्षेत्रीय स्वायत्तता की अवधारणा में तबदील हो गया।

भारत में लोक संस्कृति के अध्ययन का सिद्धान्त विकसित करने में सर्वाधिक महत्त्वपूर्ण एवं संवेदनशील योगदान आनन्द के० कुमार स्वामी का रहा, जिन्होंने लोक संस्कृति को सदैव परम्परा से जोड़ कर देखा। उन्होंने 1936 में अपने एक प्रसिद्ध लेख 'द नेचर ऑफ फॉकलोर एण्ड पापुलर आर्ट' में स्पष्ट रूप से रेखांकित किया कि सभी पारम्परिक कलाएँ लोक कलाएँ हैं, क्योंकि ये सर्वसम्मत एवं निर्विवादित जन की रचना है। उन्होंने लोकायन के अध्ययन के लिए 'देसी' प्राविधि के विकास के लिए सैद्धान्तिक जमीन दी। बाद में चलकर भारत में लोक संस्कृति के अध्ययन के लिए प्राविधि विकसित करने का काम एवं दार्शनिक प्रश्नों से टकराने का काम न के बराबर हुआ। इसका हमारी बौद्धिकता पर सर्वग्रासी प्रभाव पड़ा जिसने हमें निर्मित पद्धतियों का अन्धानुकरण के लिए बाध्य किया।

•••

चिड़ियों के अपने इतिहासकार कहाँ हैं?

(दलित जातियों की लोकसंस्कृति पर एक निगाह)

जिसको आमतौर पर लोकसंस्कृति माना जाता है, वह कोई एकआयामी धारणा नहीं है, लोक भी बहुल स्तरीय और बहुआयामी है। इस पूरे दायरे के भीतर उच्च वर्ग, निम्न वर्ग, सवर्ण, दलित, उच्च जाति, निम्न जाति, अछूत जैसी कई अस्मिताएँ हैं, इसलिए जब भी लोक को एक आयामी दायरे के बतौर पेश किया जाएगा, उसका स्वरूप दमनात्मक होगा। निचली जातियों और हाशिए के समुदायों के लोक की सत्ता और ताकतवर समुदायों द्वारा की गयी व्याख्याएँ हमेशा ही इस समस्या से भरी होती हैं।

लोक संस्कृति पर आरम्भिक काम ब्रिटिश उपनिवेशवादियों ने किया। विल्सन, विलियम क्रुक और जार्ज ग्रियर्सन जैसे सिद्धान्तकारों ने आरम्भिक तौर पर भारतीय लोक की पहचान की। लेकिन महत्त्वपूर्ण बात यह थी कि जिन विचारधारात्मक आधारों पर अवस्थित होकर उपनिवेशवादी इतिहासदृष्टि भारतीय लोक को खोज रही थी, वे उसके सत्ता तंत्र की जरूरतों से गहरे जुड़े हुए थे। इस लिहाज से देखें तो औपनिवेशिक सांस्कृतिक व्याख्याकारों के लोक संस्कृति पर किये गये काम में दो सन्दर्भ बिन्दु दिखाई पड़ते हैं। उनके लिए एक लोक वह था जिसे पुराने इलीट तबके के घरों, उनके संस्कारों, धार्मिक अवसरों, संस्थाओं के बीच चिह्नित किया गया था। ये भारतीय सामाजिक संरचना में ऊपर के वे लोग थे जिनके बारे में औपनिवेशिकों को निश्चय था कि वे शासन सत्ता चलाने में उनके सहयोगी हो सकते हैं। ठीक इसी तर्क के नाते अंग्रेजों को उनकी संस्कृति को जानना था। दूसरी तरफ लगातार चलती आ रही विद्रोहों और आन्दोलनों की परम्परा थी जिसके केन्द्र में आमतौर पर समाज के हाशिए के हिस्से थे। वे तबके जो अपनी विशिष्ट जातीय संस्कृतियों और सामाजिक स्थितियों के चलते अंग्रेजों के कब्जे से बाहर थे, जो लगातार साम्राज्य कायम करने में चुनौती बने हुए थे। औपनिवेशिक कानून के

शासन को तोड़ रहे थे, जिनको अंग्रेज़ों ने 'क्रिमिनल कम्युनिटीज' कहा उनके बारे में भी उन्हें परास्त करने के लिए अंग्रेजों को उनकी संस्कृति के अध्ययन की निहायत जरूरत थी। कुल मिलाकर उपनिवेशवादियों ने भारतीय लोक संस्कृति की खोज के भीतर अपने साम्राज्यवादी मंसूबों को ही पाला-पोसा। नीयत पर सवालिया निशान के बाद तरीकों पर बात लाज़मी है। सवाल उस पद्धति पर उठाये गये हैं जिससे इन हाशिए के तबकों की संस्कृति को खोजा गया था। अंग्रेजों ने जिन लोगों के मार्फत दलित जातियों और बहुजन समाज के सांस्कृतिक व्यवहारों को ख़ोजा, उनकी पहचान मूलतः ब्राह्मणवादी और एलीट की थी। वे अंग्रेजों के कर्मचारी और नुमाइन्दे थे। उच्च मध्यवर्ग के लोग, एलीट लोग, जो कि निचली जातियों के प्रति पूर्वाग्रह से भरे हुए थे।

दलित हिस्सों की लोकसंस्कृति पर बात करते हुए हम पाते हैं कि दूसरी प्रमुख धारा जिसने इस विषय पर काम किया वह उपनिवेशवाद से अलग ब्राह्मणवादियों की थी। स्वाधीनता आन्दोलन के लगभग साथ-साथ चलने वाली यह खोज गांधी के अनुयायी पं० रामनरेश त्रिपाठी और कृष्णदेव उपाध्याय जैसे लोगों के हाथ में रही। वर्णाश्रमी पूर्वाग्रह इस खोज के पीछे काम कर रहे थे। इसलिए गौर करने लायक है कि इस खोजी गई लोक संस्कृति का स्वरूप ब्राह्मणवाद और इलीटिज्म से गहरे रचा-बसा है। एक उदाहरण से इस बात को समझा जा सकता है। ग्रामगीतों वाली अपनी किताब की भूमिका में पं० रामनरेश त्रिपाठी लोकगीत संग्रह में आने वाली समस्याओं का जिक्र करते हुए कहते हैं कि चमारों के घर से लोकगीत कैसे इकट्ठा करें, चमार का घर तो गंधाता है। ऐसे वर्णाश्रमी पूर्वाग्रहों के साथ निश्चय ही दलित जातियों के भीतर चल रहे और विकसित हो रहे लोकसंस्कृति के आयामों को खोज पाना असंभव है। अधिकतम सहानुभूति के बावजूद पूर्वाग्रहस्त मन निचले हिस्सों की लोक संस्कृति के ताकतवर पहलू की ओर नहीं जाता है। इस तरह लोक संस्कृति के अध्ययन के प्रचलित ढाँचे, समाज के निचले हिस्सों के दुख-दर्दों का साक्षात्कार कर पाने में, उनके जीवन को करीब से जान पाने में अक्षम थे। तब इस ब्राह्मणवादी प्रस्थानबिन्दु से लोक संस्कृति पर किये गये कामों से यह उम्मीद करना कि इनसे निचली जातियों के लोकसंस्कृति के अनदेखे-अनखोजे अँधेरे पहलू सामने आयेंगे, सरासर बेमानी है।

तब समस्या यह है कि निम्नजातीय लोकसंस्कृति कैसे इकट्ठी की जाये

और उसका विश्लेषण कैसे हो? समस्या पद्धति की भी है। लेकिन अभी सर्वाधिक जरूरत है बदले हुए नजरिये और स्थिति से निचली जातियों की लोकसंस्कृति को इकट्ठा करने की। उसके बाद महत्त्वपूर्ण प्रश्न यह भी है कि समाज के ऊपरी हिस्से और राजसत्ता द्वारा बनायी गयी दुनिया में उनकी आवाज कैसे आयेगी? इस पूरी प्रक्रिया के केन्द्र में यह विचार है कि तमाम तरह के जनांदोलों में इस सांस्कृतिक चेतना का प्रत्यावर्तन कैसे हो?

असल में यह भ्रम कि निचली जातियाँ और तबके 'अबोल' समुदाय हैं, बेहद शातिर है। 'सबाल्टर्न कैन स्पीक', लेकिन उसको सुनने के कान कहाँ हैं? अभी तक शब्दों का लिखित इतिहास सत्ता और ब्राह्मणवादी मूल्यों द्वारा कब्जाया गया है तो ऐसे में दलित जातियों की लोकसंस्कृति के लिए अलिखित परम्पराओं में ही जगह बचती है। उसमें भी अगर गौर करें तो आप पायेंगे कि इस अलिखित परम्परा में वाचिक पर ज्यादा अधिकार ऊपरी हिस्सों का रहा है। इसके उलट दलित समुदाय ज्यादातर दृश्य और प्रस्तुति के माध्यमों में अपने को अभिव्यक्त करते रहे हैं। निचली जातियों की लोकसंस्कृति में कहीं-कहीं ब्राह्मणवादी मूल्यों का पोषण दिख सकता है। पर इसको सामान्य तरीके से समझने के बजाय दलित नजरिये से देखना बेहतर होगा। हमेशा ही संस्कृति का तरह-तरह के आश्रयों से सम्बन्ध रहा है। राज्य के बाद आजकल बाजार एक खास तरह का आश्रम मुहैया करा रहा है। लेकिन आश्रयदाता और कलाकार का सम्बन्ध मालिक और नौकर का नहीं होता। उनमें विरोध का रिश्ता भी होता है। आमतौर पर ब्राह्मणवादी दायरों में दिखने वाली निचली जातियों की सांस्कृतिक अभिव्यक्तियाँ गहरे स्तर पर उन दायरों के भीतर प्रतिरोध की रचना करती हैं, उन्हीं के सामाजिक अवसरों पर नाचते-गाते, उन्हीं के आश्रय में प्रतिकार की, विरोध की आवाज़ें गूँजती रहती हैं। जमींदारों और सामंतों, ब्राह्मणों के खिलाफ किए गये नाटक इस बात की गवाही पेश करते हैं। दूसरे तल पर उनके साथ लगातार टकराहट है और कहीं उनका पूरा नकार है। वे सांस्कृतिक बहुलता में प्रतिरोध करते हैं। दलित जाति के लोकगीतों में दलित और ब्राह्मण जिस तरह आते हैं उसके लिए थोड़ा अलग तरीके से विचार करने की आवश्यकता है। कर्मकाण्डों को देखिए—कैसे उच्च जातियों के कर्मकाण्डों के खिलाफ प्रतिरोधी विकल्प बनते हैं—कैसे उच्च जातियों के दुष्ट ग्रह शनि और राहु निचली जातियों में देवता बन जाते हैं।

क्या यह प्रतिरोध की एक तह नहीं है, जहाँ ब्राह्मणवाद के भीतर से बातें उभर रही हैं। दलित लोकसंस्कृति के एक स्वर ब्राह्मणवाद के सम्पूर्ण विरोध का है। ऊँची जातियों के मुहावरों के बरक्स निचली जातियों के मुहावरों को देखना इस मामले में एक नया दृश्य उपस्थित करता है। हम निचली जातियों के बारे में अपमानजनक, क्रूर और भद्दे मजाकों से परिचित हैं, लेकिन दलित जातियाँ अपनी संस्कृति में इनका प्रतिकार करती हैं। इन मुहावरों का संग्रह हम दलित रिसोर्स सेण्टर में कर रहे हैं। 1857 के आसपास दलित जातियों की सामाजिक संरचना को भी देखा जाना चाहिए। हमने अपने शोध के दौरान देखा कि 57 के पहले निचली जातियों की सामाजिक स्थितियाँ, उनकी श्रम स्थितियों के हिसाब से थोड़ी बेहतर थी। इस समय के बाद उनके संसाधनों की लूट बढ़ गयी। इन सारे नये विषयों और आधारों पर दलित लोकसंस्कृति और उनके आन्दोलनों को देखा जाना चाहिए।

कुल मिलाकर हमारे सामने इस दौर में चुनौती है कि निचली जातियों की संस्कृति कैसे इकट्ठी की जाये। निश्चय ही पिछले तरीके नाकाफी और पूर्वाग्रहशील साबित हुए हैं, जरूरत है नये तरीकों और नयी पद्धति की। इतिहास में कुछ काम इस दिशा में भी हुए हैं। लोकसंस्कृति में डी० डी० कौशाम्बी जैसे लोगों ने कुछ महत्त्वपूर्ण प्रयास जरूर किये। अपनी सीमाओं के साथ इस दिशा में कुछ काम मार्क्सवादी संगठनों इप्टा, जनम, जसम आदि ने किया। पर आज नये तरीकों से निचली जातियों और तबकों की लोकसंस्कृति की जरूरत है, क्योंकि खतरे बहुत बड़े हैं और बिना नये और मजबूत हथियारों के उनसे लड़ाई मुश्किल है। भाजपा जैसी ताकतों ने इस दौर में साम्प्रदायिक गोलबन्दी के लिए सांस्कृतिक रूपों का उपयोग किया है। अभी अपनी किताब 'फैसिनेटिंग हिन्दुत्व : सैफरन मोबलाइजेशन एण्ड दलित पॉलिटिक्स' में मैंने इन्हीं खतरों पर बातचीत की है। तब जबकि लोकसंस्कृति के बदतरीन इस्तेमाल किये जा रहे हों, सांस्कृतिक रूपों को पिछड़ेपन के पक्ष में गोलबंदी के लिए इस्तेमाल किया जा रहा हो, तब जरूरत नये सिरे से निचली जातियों और तबकों के प्रतिरोधी स्वरों से सीखने की है, जिससे कि संघर्षों में, आन्दोलनों में इन प्रतिरोधी सुरों को गूँजते हुए सुना जा सके।

●●●

हिन्दी क्षेत्र में दलित चेतना का विकास

(सामाजिक आन्दोलनों के विशेष संदर्भ में)

भारतीय समाज में दलित चेतना के विकास का एक ही रूप, एक ही स्तर एवं एक ही कालखण्ड नहीं रहा है। पश्चिमी भारत (महाराष्ट्र), दक्षिणी भारत (तमिलनाडु, आंध्र प्रदेश इत्यादि) एवं उत्तरी भारत विशेषतः हिन्दी क्षेत्रों में दलित चेतना का विकास न एक ही समय में हुआ, न एक ही तरह से हुआ। लेकिन जब भी और जहाँ भी हम दलित चेतना के विकास का महाआख्यान रचते हैं तो उसे महाराष्ट्र में हुए दलित आन्दोलन के इतिहास के ढाँचे में ही ढालकर प्रस्तुत कर देते हैं। इधर उत्तर भारत में 1980 के बाद दलित चेतना राजनैतिक रूप से अपना प्रभाव प्रदर्शित करने लगी है। अत; उसके विकास के इतिहास पर बातें भी होने लगी हैं लेकिन जब भी उत्तर प्रदेश एवं अन्य हिन्दी क्षेत्रों में दलित चेतना के विकास की बात की जाती है तो उसे अम्बेडकर का जादुई प्रभाव ही मानकर प्रस्तुत कर दिया जाता है। दूसरी समस्या दलित चेतना के विकास के सन्दर्भ में यह दिखाई पड़ती है कि महाराष्ट्र में जहाँ महात्मा फुले और अम्बेडकर का अंग्रेजों के राजनैतिक समर्थन को ही उत्तर भारत के आजादी के आन्दोलन में सम्पूर्ण दलित समाज का सच मान लिया जाता है। यह ठीक है कि फुले व अम्बेडकर के प्रभाव में उत्तर भारत के दलितों का एक बहुत छोटा तबका अंग्रेजों से सहानुभूति प्राप्त करने के लिए कुछ मुद्दों पर उनका समर्थन कर रहा था लेकिन उनका एक बहुत बड़ा तबका 1857 के संग्राम से लेकर 1947 तक की आजादी के दिनों तक अंग्रेजों के खिलाफ लड़ता, कटता एवं मरता रहा है। तीसरी समस्या यह है कि हम यह मानते हैं कि अम्बेडकर के पहले दलित समाज में प्रतिरोधी चेतना प्रभावी ढंग से सक्रिय नहीं थी। जबकि स्वयं अछूतानंद का 'आदि हिन्दू आन्दोलन'

अम्बेडकर के राजनैतिक क्षितिज पर उद्भव होने के पूर्व से ही सक्रिय था एवं उत्तर प्रदेश के अनेक छोटे शहरों में यथा इलाहाबाद, लखनऊ, गाजीपुर, बनारस इत्यादि में दलित समाज की अनेक जातीय समूह से जुड़े अनेक समाज सुधारक नेता अछूतानंद के आदि हिन्दू आन्दोलन के समानांतर अलग-अलग ढंग से दलित चेतना के जागरण के अभियान में लगे थे। इस आलेख में हम लोग हिन्दी क्षेत्र में दलित चेतना के विकास के आंदोलनों एवं विविध प्रयासों का अवलोकन करना चाहेंगे।

सन् सत्तावन के आस-पास दलित समाज एवं सहभागी आकांक्षा

उत्तर भारत में दलितों के बारे में एक आम धारणा यह है कि वे और उनमें सभी सदा से कातर, निरीह, निष्क्रिय एवं गरीब ही रहे हैं। अतः उनमें से कोई 'पहल' हो, यह कैसे हो सकता है। इस धारणा की यहाँ थोड़ी पड़ताल की जरूरत है। सन् सत्तावन के आस-पास दलित समाज को पूरी तरह निष्क्रिय एवं निरीह मानना तथ्यों के आलोक में उचित नहीं प्रतीत होता। उनमें से अनेक उस वक्त भी नौकरी की आकांक्षा से जुड़कर गाँवों से बाहर जाने लगे थे। 1920 ई० में दास प्रथा समाप्त कर दी गयी। अंग्रेज, डच एवं अन्य औपनिवेशिक शक्तियों को गन्ने, कोका एवं मसालों के प्लाण्टेशन्स के लिए मजदूरों की जरूरत हुई। इस जरूरत को पूरा करने के लिए एक नयी व्यवस्था 'शर्त बंदी' व्यवस्था लागू की गयी। जिसके तहत पूर्वी उत्तर प्रदेश एवं बिहार से लगभग बारह लाख लोग कलकत्ता डिपो से जहाजों में भर-भरकर सूरीनाम, मॉरिशस, फिजी इत्यादि देशों में ले जाये गये। सूरीनाम एवं नीदरलैण्ड्स में अवस्थित अर्काइव्स के आधार पर सूरीनाम हिन्दुस्तानियों का जो रजिस्टर बनाया गया, उससे जाहिर होता है कि चमार, दुसाध, कोरी, कहार आदि अनेक छोटी जातियों के लोग बड़ी संख्या में माइग्रेट कर सूरीनाम, ब्रिटिश, गुयाना इत्यादि में गये।[1] यह प्रक्रिया 1893 में प्रारंभ होकर 1916 तक चलती रही। इस प्रकार उस काल खण्ड में भी दलित समाज के लोग निष्क्रिय, गावों में सिमटे रहने वाले, दमन झेलते हुए मात्र मालिकों की भाषा बोलने वाला समुदाय न था। भारतीय सामंती समाज से निकलकर उनके बाहर जाने के पीछे नौकरी की चाह, गरीबी से मुक्त के साथ-साथ वर्णाश्रम दमनकारी भारतीय व्यवस्था के

---

1. मॉरिश हसन खान, इमिग्रण्ट्स इन सूरिनाम, 1876-1916 अमृत, देनहाग, 1998, एण्ड सण्डेव हीरा हिन्दुस्तानीज़।

विरुद्ध प्रतिरोध का भाव भी था।[1] इस कालखण्ड में दलित समाज का एक तबका सक्रिय था, अपने ऊपर होने वाले दमन के खिलाफ प्रतिरोध कर रहा था, सामंती बनिहारी एवं चाकरी की चाह उसमें पैदा हो रही थी। दलित समुदाय खतरा उठानेवाले समुदाय के रूप में भी उस वक्त उभरता दिखाई पड़ता है। कैरेबियन द्वीपों में गये अनेक हिन्दुस्तानी अपने भारत के परिवारों को पैसा भेजा करते थे। पूरे कैरेबियन में एक मात्र आत्मकथा है, मुंशी रहमान खान का 'जीवन प्रकाश'। इसमें वे कैरिबियन से भारत में अपने परिवारों को पैसा भेजने की प्रक्रिया का विस्तार से वर्णन करते हैं। इससे भी भारतीय समाज के निचले तबकों में सक्रियता आयी।

प्रसिद्ध डच इतिहासकार डर्क एच० काल्फ ने अपनी प्रसिद्ध पुस्तक 'नौकरी, सिपाही एवं राजपूत' में अपने गहन आर्काइव्स पर आधारित शोध के माध्यम से यह बताने की कोशिश की है कि 1857 के पूर्व एवं उनके आस-पास अनेक पिछड़ी एवं दलित जातियाँ राजपूतों की ही तरह अखाड़ों में कुश्ती इत्यादि के माध्यम से अपनी शारीरिक शक्ति को विकसित करते हुए युद्ध कलाएँ सीखती हुई उस वक्त छोटे राजाओं, सामंतों, अंग्रेजी सेनाओं में बढ़ रही सैनिकों की जरूरत पूरी करने के लिए अपने को तैयार कर रही थीं। वे कहते हैं—वर्ष 1630 के आसपास पीटर मुण्डे नामक यात्री ने आगरा से पटना तक की यात्रा की और उसने देखा कि ढेर सारे सैनिकों के कैम्प के बगल में अखाड़े बने हुए हैं और उन अखाड़ों में कुश्ती व गतका खेला जा रहा था। इसके अतिरिक्त पूरे अवध व भोजपुर क्षेत्रों में अनेक अखाड़े एवं कुश्ती लड़ते हुए नीची, मध्य व ऊँची जातियों के लोग दिखाई पड़ रहे थे। ये लोग अपने को विभिन्न राजाओं, जमींदारों एवं दिल्ली के सुल्तान के यहाँ 'सिपाही' एवं सैनिक की नौकरी के लिए तैयार कर रहे थे। 1814 के आसपास ब्रिटिश सेना में अनेक ऐसे भारतीय अधिकारी थे जिन्हें पहलवान साहब के नाम से जाना जाता है।'[2]

उस वक्त भारतीय समाज में जो लोग सिपाही व सैनिक बन रहे थे उसमें मात्र पूरबिया, उज्जैनिया व बुन्देला ही नहीं थे बल्कि उत्तर भारत की अनेक छोटी जातियाँ एवं अर्ध पशुचारक समुदाय भी शामिल थे। बहेलिया

---

1. सुसान लेजेन रिपोर्ट ऑन बिदेशिया माइग्रेशन, 2003 KIT नीदरलैण्ड।
2. डर्क एच० कॉल्फ, नौकर राजपूत एवं सिपाही इथनो हिस्ट्री ऑफ लेबर मार्केट इन हिन्दुस्तान, 1450-1859, कैम्ब्रिज यूनिवर्सिटी प्रेस, पृ० 28-29।

एक ऐसा ही समुदाय था जो चौदहवीं शताब्दी में दिल्ली के तुगलक के शासन काल में एक महत्त्वपूर्ण सैन्य समुदाय होकर उभरा था। गंगा के किनारे चुनार व बनारस के बीच में बहेलिया जाति को सेना में शामिल किया गया तथा उनमें से कई को सत्ताईस गाँवों की जागीर दी गयी। डर्क एच० काल्फ हमें सूचित करते हैं कि अकबर की सुरक्षा में जो गारद होती थी उसमें बहेलिया बड़ी संख्या में होते थे जिनमें कमाण्डर को 'हजारी' नाम से जाना जाता था।[1]

1772 में ब्रिटिश सेना के सामने इनके समर्पण के बाद इनमें से कई ब्रिटिश सेना में भी शामिल हो गये। बहेलिया के साथ पासी जाति जो उस समय उत्तर प्रदेश में बारह लाख के आसपास थी, ने अपनी पहचान एक दुस्साहसी, वीर एवं प्रभावशाली समुदाय के रूप में बना ली थी। दस्यु, जमींदारों, सामंतों के रक्षक एवं गारत ईस्ट इडिया कम्पनी के कानून को चुनौती देती ये जातियाँ अपने को एक मजबूत सैन्य समूह के रूप में स्थापित कर चुकी थीं। स्लीमैन, जो 1857 के विद्रोह का इस क्षेत्र में दमन कर रहा था ऐसे चुनौतीपूर्ण पासी समूहों का वर्णन करता है तथा बताता है कि इनमें कईयों की अपनी खुद की सेना हो गयी थी व डकैती, हत्या तथा छोटे राजाओं के लिए युद्ध करके इनमें से अनेक ने काफी भूमि अर्जित कर ली थी। आल्हा-ऊदल लोक महाकाव्य में भी पासियों की चुनौती का वर्णन आता है।[2] 1678 में बुन्देलखण्ड में छत्रसाल की सेना में राजपूत, ब्राह्मणों एवं बनियों के साथ-साथ छीपी रंगरेज, छोटी मुस्लिम जातियाँ तथा अहीर बड़े पैमाने पर शामिल थे। इस प्रकार प्राक् आधुनिक भारतीय समाज में नौकरी खासकर 'सिपाही की नौकरी' एक गौरवमयी नौकरी की परम्परा के रूप में विद्यमान थी।[3]

क्षत्रियों की ही तरह 'वीरता' (सीवैलरी) एक जीवन गुण की तरह अनेक दलित जातियों यथा कोरी, पासी, दुसाध, मुसहर आदि में विकसित हो रहा था। दलित लोक कथाओं जिन्हें समय सीमा में तो नहीं बाँधा जा सकता, परन्तु अगर उन्हें देखा जाये तो उनमें चुहरमल, सहलेस (दुसाध), चमार, दीना-भद्री (मुसहर) आदि वीरों की लोककथाएँ मिलती हैं। अर्थात्

---

1. वही, पृ० 117।
2. वही, पृ० 119।
3. वही, पृ०151।

वीरता की चाह एवं आकांक्षा कई दलित जातियों का सामूहिक मूल्य भी रहा है। ऐसे मूल्य की स्मृति में रह रही दलित जातियां सदैव मालिकों की मार ही सहती रही होंगी, सदैव हिंसा का शिकार रही होंगी, हमेशा दमित एवं निष्क्रिय रही होंगी, ऐसा मानने को मन नहीं करता। यह संभव है कि यह सच सम्पूर्ण दलित समाज का सच नहीं होगा परन्तु इनमें भी गतिशील, वीर एवं प्रतिरोधी जमात उस वक्त भी थी। यहाँ तथ्य स्पष्ट कर देने की जरूरत है कि 'नौकर', 'नौकरी' उस वक्त आज के अर्थों में नहीं थी, 'नौकर' होने की प्रवृत्ति लोकप्रिय हो चुकी थी और 'वेतनभोगी नौकर' होना प्रतिष्ठा की बात मानी जाती थी। 'नौकरी' बनिहारी से बाहर निकलने की चाह के रूप में भी देखा जा सकती है। नौकरी की बढ़ती चाह के कारण ही एवं उनससे आने वाले संकट का अंदाज कर लगभग प्राक् आधुनिक काल में ग्रामीण समाज में—

'उत्तम खेती, मध्यम बान
निरिवध चाकरी, भीख निदान'

जैसे मुहावरे बने होंगे।

1857 के आसपास दलित जातियों में शिक्षा की आकांक्षा भी दिखाई पड़ती है। विलियम ऐड्रम्स ने 1837-38 में बिहार में शिक्षा की व्यवस्था का एक सर्वेक्षण किया। इस सर्वेक्षण के दौरान वह बताता है कि दक्षिणी बिहार में अनेक पर्सियन, अरबी माध्यम के विद्यालय चल रहे हैं जिनमें अनेक छात्र मध्य एवं निचली जातियों के हैं। इस रिपोर्ट से यह भी जाहिर होता है कि अनेक वर्नाकुलर स्कूल जो इस काल खण्ड में दक्षिण बिहार में चले रहे थे। निम्न जातियों के छात्रों के साथ ही पिछड़ी एवं निचली जातियों के शिक्षक भी कार्य रहे थे। इसी कालखण्ड में उत्तर प्रदेश में कानपुर में 'फ्री स्कूल' चल रहे थे।, जिनमें सभी छात्र ऊंची जातियों के ही नहीं थे। इस प्रकार इस शिक्षा प्रक्रिया से गुजर रही दलित जातियों के छात्रों में उस समय जागरूकता भी आयी होगी, जागरूकता के कारण तत्कालीन सामाजिक, राजनीतिक प्रश्नों पर उनकी भागीदारी भी बढ़ी होगी। ऐसे में सन् सत्तावन के विद्रोह में ये दलित जातियाँ न मात्र 'सामंतों का सेवक' बनकर भाग भी ली होंगी, न ही ये पूरी तरह इस महान विप्लव से अलग रही होंगी।

अगर एक क्षण यह भी मान ले कि बंगाल आर्मी में ज्यादातर सिपाही ब्राह्मण एवं क्षत्रिय थे तो भी सेना में सिविल कार्यों से जुड़े यथा स्वीपर,

ड्रमर (नगाड़ची), टेलर, हेल्पर, खानसामा, धोबी इत्यादि के रूप में अनेक दलित जातियां बंगाल आर्मी का हिस्सा थीं। दलित आज जिस मातादीन भंगी को 1857 के विद्रोह का मूल मानते हैं, जिन्होंने मंगल पाण्डे को कारतूस में जानवर का ग्रीस लगे होने का रहस्य बताकर उत्तेजित किया था, वे बंगाल आर्मी में मेहतर का कार्य ही करते थे।

जू यालाण्ड ने कानपुर पर लिखी अपनी प्रसिद्ध शोध पुस्तक 'ट्रेडर्स एण्ड नवाब' में तत्कालीन अंग्रेजी सेना की संरचना के बारे में बताते हुए अनेक आर्काइवल प्रमाणों से तत्कालीन अंग्रेजी सेना में ड्रमर (नगाड़ची) की महत्त्वपूर्ण उपस्थिति एवं भूमिका के बारे में हमें बताया है।

1857 के आस-पास दलितों में अनेक के पास भूमि एवं जागीर थीं। अंग्रेजों ने पहले कानपुर में 'जुही छावनी' स्थापित की, वहाँ रानी कुंवरि की जमींदारी थी। यहाँ ज्यादातर अनुसूचित जाति एवं पिछड़ी जातियों की आबादी थी, इनके पास जमीनें थीं, गाँवों की जागीर थी, पक्के मकान थे। सांवलदास कुरील का मंदिर आज भी जुही में अवस्थित हैं तथा ज्योरा के पास सांवल दास घाट है। सांवल दास कानपुर के रईस थे, चौदह घोड़ों की बग्घी पर चलते थे। उनके यहाँ अनेक कोठियाँ थीं जिनमें कई आज भी हैं।

ऐसा ही एक और वृत्तान्त देखें—'1857 के रणभूमि के योद्धा जो नाना साहब के साथ लड़े व मारे गये वे ज्यादातर दलित जाति के लोग थे। हमारे पूर्वजों के पास इसी विठूर गाँव में 150 बीघे जमीन थी। 1311 फसली जिल्द बंदोबस्त में कलुआ बेटा रामदीन व सुखलाल बेटा रामदीन चमार का नाम है जो 1857 में बिठूर के काश्तकार थे।'

विठूर में मल्लाह, लोध, गड़ेरिया, कुरमी, तेली, सुनार, नाई व तमोली, गोड़िया, गिरी, अहीर तथा चमार, धानुक, धोबी और भंगी जातियाँ रहती थीं। राजस्व अभिलेखागार, कानपुर नगर में उपलब्ध 1311 फसली की जिल्द बंदोबस्त जो 1903 खतौनी है। 1857 से 46 वर्ष के बाद की खतौनी है, इसमें इन दलित जातियों के काश्तकारों की जमीनों का उल्लेख है।

इस प्रकार 1857 के पूर्व एवं इस कालखण्ड में भी दलित समाज का काम-से-कम एक तबका सक्रिय, जुझारू एवं चेतन तेवर वाला हो चुका था। अम्बेडकर के आगमन के पूर्व भी उत्तर भारत में दलित सक्रियता

थी, इसी सक्रियता की कड़ी में स्वामी अछूतानंद आते हैं जो अम्बेडकर के पूर्व ही उत्तर प्रदेश में दलित चेतना जागरण का अभियान चला रहे थे।

स्वामी अछूतानंद जी ने अत्याचारों से भयाक्रांत समाज को अपने नैतिक बल से संगठित करने तथा आत्मनिर्भर बनाने का सफल प्रयास ही नहीं किया बल्कि हिन्दुओं के धार्मिक प्रहारों तथा मुसलमानों के धर्म परिवर्तन तथा अंग्रेजों की गुलामी व शोषण के विरुद्ध एक आंदोलन चला दिया, धर्म, अर्थ, कर्म, जाति आदि के आधारों पर किये गये भेदों के प्रति घोर विरोधी वातावरण बनाने के लिए नगर-नगर, गाँव-गाँव, गली-गली में घूम-घूम कर जनचेतना का संचार किया।

'आदि हिन्दु कान्फ्रेन्स' नाम से अछूतों का एक मंच तैयार किया। उक्त मंच से कानपुर में 1927 में स्वराज, पूर्ण स्वराज्य की माँग की घोषणा की। उन्होंने कहा, भारत के हिन्दू-मुसलमान के साथ-ही-साथ अछूतों को भी आजादी चाहिए क्योंकि आजादी के सही हकदार अछूत हैं।

जिनके श्रम और शक्ति पर देश का उत्पादन और विकास निर्भर है। जो धरती का सीना चीरकर अन्न और कपास पैदा करता है। वही खुद भूखा नंगा है। जिनको गुलामी से बदतर जिन्दगी व्यतीत करने पर मजबूर किया जाता है। असली आजादी के हकदार वे (अछूत) हैं। अंग्रेजों की हुकूमत भी 'अंधेर नगरी चौपट राज' वाली है—उन्होंने सवर्ण हिन्दुओं, मुसलमानों को दरबार बंदगी और फरमाबरदारी के एवज में जागीरें, ज़मींदारी, सामंती और नवाबों के साथ-ही-साथ ऐशो-आराम तथा अय्याशी, अत्याचार के लिए छूट भी दे रखी है। वाइसराय के दरबार में सबसे पहले कुर्सी इनकी होती है और इनका जुल्म अछूतों पर होता है। उनकी बहू-बेटियाँ इनकी पाशविक काम-पिपासा की शिकार होती हैं। तृप्ति अथवा काम में बाधा डालने वाले पति-पिता अथवा भाइयों को मौत के घाट उतार दिया जाता है। झूठे मुकदमों में फंसाकर जेल में सड़ाये जाते हैं और उनकी सरपस्त अंग्रेज सरकार उनके कार्यों पर परदा डालती रही है। स्वामी अछूतानंद के साइमन कमीशन को गवाही देते हुए कहा—हमें अंग्रेजों से हमदर्दी नहीं हक चाहिए, सम्मान से जीने का हक। सरकार को चाहिए कि केन्द्र और प्रान्तों में पूर्ण उत्तरदायी सरकार की स्थापना करें। जमींदारी उन्मूलन कानून बनाया जाये। राजाओं, सामंतों और नवाबों पर अंकुश लगाया जाये ताकि वह निर्बल, निसहाय अछूतों पर जुल्म न ढा सकें।

स्वामी अछूतानन्द ने जमींदारी उन्मूलन के लिए कांग्रेस नेताओं से भी बातचीत की। लेकिन कांग्रेस अपनी आजादी की लड़ाई के समय कोई जोखिम लेना नहीं चाहती थी क्योंकि कुछ राजा, महाराजा व जमींदार स्वराज्य आन्दोलन में उनके साथ थे। स्वामी अछूतानन्द के एक पत्र के उत्तर में पण्डित मोती लाल नेहरू ने कहा था—आजादी में सहयोग कर, जमींदारी उन्मूलन के संबंध में स्वराज्य प्राप्त होने पर विचार किया जायेगा।

स्वामी अछूतानंद का आदि हिन्दू आन्दोलन धार्मिक न होकर पूर्णरूप से राजनैतिक व सामाजिक था। सन् 1922 में दिल्ली में एक विशाल सम्मेलन हुआ था। जिसमें अछूतोद्धार के अनेक कार्यक्रम निर्धारित किये गये थे। उसमें भी जमींदारी उन्मूलन पर विशेष रूप से चर्चा हुई थी। स्वामी अछूतानन्द जी ने अखिल भारतीय अछूत कांग्रेस देहली 1922 में अछूतों को सम्बोधित करते हुए कहा था—

सभ्य सबसे हिन्दू के प्राचीन हैं हकदार हम।
हाँ बनाया शूद्र हमको थे कत्री सरदार हम।।
नीचे गिराये पर अछूते घृत से हम हैं बरि।
आदि हिन्दू हैं न शंकरवर्ण में हम हैं हरि।।
अब नहीं हैं वह जमाना जुल्म हरि हरि मत सहो।
तोड़ दो जंजीर जकड़े क्यों गुलामी में रहो।।

स्वामी अछूतानंद जी को जब पता चला कि बम्बई में एक अछूत नवयुवक अनेक समस्याओं और सामाजिक कष्टों को सहकर अमेरिका व लन्दन से उच्च शिक्षा प्राप्त कर भारत आया है और अछूतों के बीच में काम कर रहा है तो उन्हें बड़ी खुशी हुई। वे उस नवयुवक अर्थात् डॉ० अम्बेडकर से मिलने के लिए उत्सुक हुए। डॉ० अम्बेडकर के मन में भी उत्तर भारत के अछूतों से मिलने की प्रबल इच्छा थी। नवम्बर 1928 में डॉ० अम्बेडकर और स्वामी अछूतानंद की मुलाकात हुई और दोनों महान देश भक्तों ने आजादी के साथ-साथ अछूतों के अधिकार के लिए आवाज बुलन्द की।

इस प्रकार हम देख सकते हैं कि किस प्रकार अम्बेडकर के पूर्व अछूतानन्द के रूप में दलितों के नवजागरण का एक नायक कार्यरत था। किन्तु अम्बेडकर के मिथक के आक्रामक उतार के कारण दलित संघर्ष के इतिहास का यह पक्ष छिप जाता है। अछूतानंद ने दलितों को लिखने, पढ़ने, छपने के प्रति जागरुक किया। दलितों की पत्रिकाएँ निकालीं। उन्हें

पोस्टकार्ड पर लिखकर साइमन कमीशन के सामने अपनी राय रखने को प्रेरित किया। आदि हिन्दू स्कूल, आदि हिन्दू छात्रावास आदि खोलकर दलितों में पढ़ने-लिखने का अभियान चलाया। दलित स्वयं अपने संघर्ष का इतिहास लिखते वक्त अम्बेडकर के जादुई असर में कई बार उत्तर प्रदेश में अम्बेडकर के पूर्व एवं अलग ढंग से दलित चेतना जागरण के इस अभियान को महत्त्व देना भूल जाते हैं।

उत्तर भारत में दलित आन्दोलन की एक धारा नहीं रही है। उत्तर भारत में अम्बेडकर का प्रभाव आजादी के बाद विकसित हुआ। जीवित अम्बेडकर से ज्यादा मृत अम्बेडकर प्रभावी हुए। अम्बेडकर के सच से ज्यादा अम्बेडकर का मिथक प्रभावी है। 1920 के आसपास इलाहाबाद में अछूतानन्द के आन्दोलन से बाल्मिकानंद बांकी, भंगी समाज में नवजागरण एवं पढ़ने-लिखने का अभियान चला रहे थे। ऋषिकुल विद्यालय खोल रहे थे। भंगी समाज में हीनता-बोध समाप्त कर उन्हें सशक्त करने के लिए साहित्य रच रहे थे। ऐसे ही गाजीपुर, लखनऊ, इटावा इत्यादि उत्तर प्रदेश के अनेक जिले में छोटे-छोटे स्तर पर अनेक दलित जातियों के अनेक सामाजिक नेता सक्रिय थे जिनका अम्बेडकर से कोई संवाद नहीं था। अतः आज अगर दलित जागृत हुआ है तो उस जागरण का सही एवं स्थानीय इतिहास भी लिखा जाना बाकी है। जिसमें उत्तर भारतीय पहलू को ठीक से महत्त्व दिया जाये।

आजादी के बाद उत्तर प्रदेश में एक तरफ अम्बेडकर विचारधारा का प्रभाव आर० पी० आई० के राजनीतिक विमर्श के साथ-साथ हुआ। साथ ही अनेक दलित एवं अत्यन्त पिछड़ी जाति के बौद्धिक अम्बेडकर विचार के प्रसार का माध्यम बने। लखनऊ के चंद्रिका प्रसाद जिज्ञासु, कानपुर के पेरियार ललई सिंह के साहित्य एवं अनुवादों ने उत्तर भारत में अम्बेडकर चेतना के प्रसार में दलित जागरण का काम किया। वहीं दूसरी तरफ आजाद भारतीय राज्य व्यवस्था के अधिनियमों के प्रभाव में दलितों में सामाजिक आन्दोलन विकसित हुए। 1955 के आसपास अस्पृश्यता विरोधी कानून के लागू होने के बाद इसके असर से उत्तर प्रदेश के अनेक गाँवों में नारा मवेशी आन्दोलन प्रारम्भ हुआ। जिसमें चर्मकार जाति के लोगों ने 'मनचाहा काम' के अधिकार की लड़ाई लड़ी। लोगों ने मुर्दा जानवर फेंकने का काम बंद करने का निर्णय लिया। साथ ही चमार जाति

की औरतों ने नार काटने का काम बंद करने के लिए लड़ाई लड़ी। इस आन्दोलन के विकास में अम्बेडकर का प्रभाव कम एवं जगजीवन राम तथा अर्जक संघ जैसी संस्थाओं का प्रभाव ज्यादा रहा। यह आंदोलन उत्तर प्रदेश के गाँवों में 1955 से आरंभ होकर 1970 के आस-पास तक प्रभावी रहा। इस आन्दोलन के कारण यह जाति 'म्लेच्छ' कार्य से मुक्त हो पायी जिसके कारण उनके सामाजिक स्वीकार की स्थिति बन सकी। किन्तु इस एवं इस तरह के अनेक आन्दोलनों का कोई इतिहास अभी तक नहीं बन सका है। चर्मकार जाति के औरतें नार काटने का काम करती थीं जैसे जगह पसोर या नाई करते थे। इस जेल के अन्दर ये लोग काम करते थे और दाई जो कि चर्मकार जाति की होती थी उससे कहा जाता था उन्हें सात दिन तक घर में रहना है। जच्चा-बच्चा की गंदगी को साफ करना इनका काम होता था। उसको 'रात बसना' कहते थे। और 'रात बसना' का काम 6 दिन तक करना होता था। छठे दिन जब औरत व बच्चा दोनों ही नहा लेते थे, साफ हो जाते थे तब उसके बाद दाई का काम खत्म होता था। छः दिन तक नाउन भी उस औरत मां को नहीं छूती थी। 'नार' काटने के काम को यहाँ बड़ी हेयदृष्टि से देखा जाता था और 'रात बसना' भी एक घृणित काम माना जाता था। इसके खिलाफ भी आंदोलन प्रारम्भ हुए।

इस आन्दोलन की एक घटना जो बिहड़ा काण्ड के नाम से मशहूर है, का वृत्तान्त यहाँ प्रस्तुत है। बिहड़ा वाराणसी जनपद का दलित बाहुल्य वाला गाँव है। यह वृत्तान्त दलित जातियों के मौखिक इतिहास पर शोध करने वाली दलित संसाधन केन्द्र के द्वारा रिकार्ड किये गये भुक्तभोगियों के मौखिक बयान पर आधारित है।

सन् 1971 की बात है। समाज में अपना सम्मान पाने की दृष्टि से निकृष्ट कार्यों से छुटकारा पाने हेतु एक जाति विशेष के लोगों ने मीटिंग बुलाई जिसमें इस जाति के मुखिया, जिन्हें चौधरी कहा जाता था तथा शिक्षित युवक एवं अन्य जागरूक लोगों को शामिल होना था, कटका गाँव के दुल्हिन की बारी में मीटिंग रखी गई। उद्देश्य भी साफ था, बातचीत से एकमत होकर यह निर्णय लेना कि इस बिरादरी के लोग अब यह म्लेच्छ, गन्दा कार्य नहीं करेंगे जिससे उनके मान-सम्मान को ठेस पहुंचे। इसके लिए चौधरी अपने-अपने गाँव में निगरानी रखेगा कि कोई परिवार यह

धंधा न करे। यदि कोई करता है तो उसका समाज से बहिष्कृत किया जाना तय था। साथ ही दण्ड भी लगा था। कटका गाँव में आम के बाग में मीटिंग चल रही थी। इस मीटिंग में बिहड़ा के चौधरी रामदेव, कटका के चौधरी मितईराम, सुखनंदन प्रसाद, शिवजोर, बिंदेश्वरी, वैदैहिया गाँव के चौधरी राम भरोसे, अच्छैवर मास्टर, महामलपुर के बेचनराम, गड़ौली के चौधरी दुक्खी, बाबूसराय के चौधरी जोखन समेत काफी संख्या में लोग मौजूद थे।[1] यह बातें हो रही थीं कि इस बैठक की खबर तेजी से सभी जगह फैल गयी। ठाकुरों की बस्ती में जैसे ही खबर पहुँची वे बेकाबू होकर गुस्से में वहाँ पहुंच गये। ऐसे माहौल में मीटिंग नहीं हो पायी। यह जानकर कि ये लोग अब काम नहीं करेंगे। यहां तक कि अनुसूचित जाति के अन्य बिरादरी के लोग बहकावे में आकर सबसे बड़े विरोधी बन गये। खटिक, पासी, धोबी, मुसहर भी जलनवश सवर्ण खेमे में चले गये।[2]

चर्मकार बिरादरी के लोगों की आर्थिक दशा बेहद खराब थी। खाने को कुछ भी नहीं था। ठाकुर के घर में बेगारी करते-करते टूट गये थे। हिम्मत कहीं जाने की न थी। ऐसे में ये लोग नार वाला काम और मरे जानवरों का चमड़ा छीलते थे। कटका गाँव में एक घटना घटी जब गाँव के चौधरी ने मना कर दिया कि अब कोई घर यह गंदा काम नहीं करेगा। उसके बाद भी कुछ घटनाएँ चोरी-छिपे हो रही थीं।

चमड़ा निकालने में कुछ लोग माहिर थे। वही यह काम करते थे। ठाकुर बस्ती में एक जानवर मरा, ये लोग फेंके, सुबह देखा तो उसकी खाल गायब थी। बात बढ़ी, तब ये हुआ कि जब आपने यह कहा कि हम सब यह गंदा काम नहीं करेंगे तब यह हुआ कैसे। चोरी-चोरी करना है तो आप खुल के करो हमारा काम। बस यहीं से विद्रोह और हिंसा शुरू हो गयी।

दूसरी घटना बाबूसराय में हुई वहाँ भी मरे जानवर के फेंके जाने पर चर्मकार बिरादरी के लोग उठा ले गये। रात में और नार काटने के सवाल पर भी काफी कुछ हुआ। बाबूसराय में चौधरी ने सबको समझा-बुझाकर मना किया कि अब कोई दल काम नहीं करेगा। जो करेगा उसे दंड जुर्माना

1. मुन्दर राम जैसवार, बाबूसराय, दि0 1.12.2007 के साक्षात्कार पर आधारित।
2. फील्ड डायरी, बृजेन्द्र गौतम।

देना होगा। तब डर के लोग ये काम बंद किये पर यहाँ भी चोरी-चोरी एक-दो महिलाओं ने नार काटा।[1] पता चलने पर हो-हल्ला मचा। उन औरतों ने कहा हमको पहले क्या करना चाहिए, भूखे बच्चों के खातिर इस लालच में हमने हंसुआ उठाया और जो कुछ मिला उससे बच्चों की भूख मिटाई। इसी दौरान एक ठाकुर परिवार में बच्चा हुआ, परिवारजन आये ले जाने के लिए पर ये लोग अपने समाज के डर से नहीं गये, इस दौरान काफी लोगों ने प्रचार किया। पर चर्मकार बिरादरी के चौधरी के इशारे पर कोई नहीं गया। कुछ दिन बाद कुम्हार बिरादरी में सोखन का परिवार था उसके लड़का हुआ, तो वे रात को आये और एक औरत को उन्होंने तैयार कर लिया नार काटने के लिए। लालचवश चोरी से चली गयी, नार काटा और जो कुछ करना था किया, पर यह बात छिपी नहीं। जल्द ही पता चलते ही ठाकुर गुस्सा गये। उन्होंने कहा कि तुम लोगों की दुश्मनी हमीं से है क्या, ठाकुर के यहाँ नहीं करेंगे। कुम्हार के यहाँ करेंगे। तब उन्होंने अपने अन्दर बैठा लिया कि यह सब ठीक नहीं है। कुम्हार वाली घटना ने भी आक्रोश को बढ़ावा दिया वहीं कटका में चोरी छिपे मीटिंग वाली बात जुड़ गयी। दूसरी बातें जो घटना में जिम्मेदार बनीं कि वे यह थी कि ठाकुर बिरादरी के लोग बेवजह चमार नवयुवकों को छेड़ा करते थे, आपसी मनमुटाव बढ़ने लगा। कारपेट कम्पनी लग जाने से इस बिरादरी के लोग साफ-सुथरे कपड़े पहनने लगे, रेडियो सुनने लगे, घड़ी बाँधने लगे। ये बातें ठाकुर लड़कों को अच्छी नहीं लगती थीं।

इस घटना के दूसरे दिन ठाकुर लोगों ने बड़ी चालाकी के साथ योजना तरीके से योजना बनाकर चर्मकार बिरादरी के खिलाफ खड़े हुए और निकल पड़े हजारों की संख्या में चर्मकार बिरादरी के लोगों को मारने। जुलूस की शक्ल में हिंसा का ताण्डव करते ये लोग बाबूसराय होते हुए बिहड़ा गाँव पहुँचे। नारा लगाते गये कि 'चमर बध होय'।[2] इस घटना ने एक विद्रोह के रूप को जन्म दिया। अपने विरुद्ध आवाज उठाने से

---

1. वही।
2. बिपिन बिहारी, कटका दि० 1.12.2007 अर्चना सिंह दिये साक्षात्कार पर आधारित।

परेशान सवर्ण, चमार विरोधी हो गये। अगले दिन भीड़ की शक्ल में बिहड़ा, कटका, सेमरा, चन्दापुर, बैदहीया तथा गढ़ौली के ठाकुरों के साथ तमाम अराजक तत्त्व जुलूस के शक्ल में बाबूसराय पहुँचे।

हिंसा इस कदर फैल गयी कि लूटपाट में औरतें-बच्चे, सभी डर के मारे जो जहाँ छिप पाया वहीं छिपा रहा, जान बचाना मुश्किल था। ऐसे में बाबूसराय गाँव तथा बिहड़ा में डर का आलम ये था कि लोग यह कह रहे थे कि 'धरती फट जाये हम सब ओही में समाय जाएँ'। बचने का कोई रास्ता नहीं था, बदतमीजी काफी हुई। भागकर लोगों ने जान बचायी। औरतों के साथ उन्होंने जानवरों की तरह व्यवहार किया। अधनंगा बन औरतें इधर-उधर बचती रहीं। उस घर की हालत क्या होगी जब घर का मुखिया ही डर के मारे भाग गया हो। छिपने के लिए लोग अनाज रखने के कोठिला में जा छिपे। इन जालिमों ने किसी को नहीं छोड़ा जो पकड़ में आया हाथ-पैर तोड़ डाला। किस्मत अच्छी रही कि बाबूसराय में अन्य कई परिवारों ने मदद की। औरतों को बचाया, छिपाया अपनी बस्तियों में। बाबूसराय पहला गाँव बना जहाँ यह अवांछनीय तत्त्वों का जत्था पहुँचा टारगेट था, कटका, बाबूसराय एवं बिहड़ा गाँव की चर्मकार बस्ती।

बिहड़ा गाँव में पहुँचते-पहुँचते इनकी संख्या लगभग डेढ़ हजार की हो गयी। गाँव में घुसते ही उत्पात मचाते हुए 32 घरों को जला दिया, अनगिनत पशु मारे गये।[1] पेड़-पौधों का नुकसान हुआ, खड़ी फसल तहस-नहस हो गयी, हिंसा इस कदर थी कि डर के मारे लोगों ने पेशाब तक कर दिया। जान की परवाह किये बिना अपनी स्त्रियों को बचाने के लिए लोग हाथ-पैर तुड़वा बैठे। महिलाओं ने जो कुछ पाया उससे अपनी रक्षा की भागकर दूसरे गाँव पहुचीं। रात-रात भर लोग खेतों में छिपे रहे। यदि वे आक्रमणकारी बाहर के होते तो शायद उनसे लड़ने की क्षमता इनके अन्दर जगती। दुख इस बात का था कि ये चेहरे अपने ही गाँव एवं आस-पास के लोग ही थे। ऐसे में इनके हाथ नहीं उठ पाये अन्यथा बिहड़ा काण्ड में लाशें इतनी गिरतीं कि गिना जाना मुश्किल था।

---

1. बृजेन्द्र गौतम, अर्चना सिंह, फील्ड डायरी दि0 29.8.2007 को कटका ग्राम में दिये साक्षात्कार पर आधारित।

भग्गड़ जो कि काफी बहादुर थे, वे इनसे लड़े भी पर भीड़ का दबाव बनते ही जैसे ही वे बचने के लिए घर में घुसे लोगों ने घर में आग लगा दी। ऐसे में बेहद जख्मी होने की वजह से उनकी जान चली गयी।[1]

किसी तरह ये लोग घर में छिपे, कोठिला, मचान, टाट में घुसे रहे, जो जहाँ था वहीं साँस रोके रहा। कितना दर्दनाक मंजर था। बरछी से खोद-खोदकर रजाई में लोगों को खोजा जा रहा था, जहाँ वहीं कहीं छिपा था कलेजे का टुकड़ा उनका। माँ-बाप फूटी आँखों से निहार रहे थे, पर मुँह से आवाज नहीं निकली, सिर्फ मना रहे थे कि लड़का बच जाये, ठीक ऐसा ही मंजर था बाबूसराय के गाँव के हमले में जहाँ कल्लू देख रहा था अपने छोटे भाई को जो छिपा था बिस्तर के नीचे रजाई ओढ़ कर। ठाकुर लुटेरों ने इतनी बेरहमी से चाकू भोंक दिया कि रजाई लाल हो गयी, कल्लू की चीख नहीं निकली, निकलती तो शायद भाई और वह खुद भी न बचता जालिमों से। ऐसा दर्द छिपाकर जी रहे हैं आज भी ये लोग अपने मन मस्तिष्क में।

आगजनी, लूटमार, हिंसा का नग्न ताण्डव देख इस बस्ती के लोगों की हिम्मत टूट गयी। अपने खास लोगों के घरों को बरबाद होते देख आँखें भर आईं, सहारा कुछ भी न था, दलितों की बस्तियों में वैसे भी रोज कुआँ खोदना और पानी पीना वाली कहावत चरितार्थ होती है। फिर भी यहाँ जो भी था वह सब हिंसा के हवाले था, फटी-फटी आँखें रो-रोकर पथरा गई थीं। भूख से पेट चिपक गया था, पतीली टूटी-पिचकी वह भी गायब थी। घर में अनाज का एक दाना नहीं था, बाजार में साहूकार अछूत समझकर दुकान पर चढ़ने नहीं दे रहा था, पीने के पानी के कुएँ में मरा जानवर फेंक दिया गया, गड़ही में जाने की हिम्मत न थी। जिन्दगी इस गाँव की ठहर-सी गई थी।

ऐसी कठिन परिस्थिति से जूझते हुये काफी दिनों बाद बिहड़ा गाँव के लोगों में तब साहस आ पाया जब वे गाँव से निकलकर शहरी जीवन से जुड़े।

●●●

---

1. बृजेन्द्र गौतम, अर्चना सिंह, फील्ड डायरी दि0 29.8.2007 को कटका ग्राम में दिये साक्षात्कार पर आधारित।

कुँजड़ा, कसाई, जुलाहा, नाई : 1857 के संग्राम में दलितों की भूमिका

1857 के संग्राम को भारत के विशाल भू भाग में विशेषकर उत्तर भारत में औपनिवेशिक सत्ता के खिलाफ भारतीय जनता द्वारा चलाये जाने वाले महान विप्लव के रूप में आज याद किया जाने लगा है। किसी भी महान संग्राम की रचना कुछ जातियों एवं समाज के कुछ लोगों द्वारा नहीं की जा सकती, इसमें जनता के व्यापक समूहों की भागीदारी की जरूरत पड़ेगी ही भारतीय समाज में दलित एवं पिछड़े वर्ग के लोग बड़ी संख्या में वास करते हैं। अतः एक महान विद्रोह बिना इनकी भागीदारी के कैसे लड़ा होगा, यह सोचना मुश्किल है। इधर एक विश्वास यह बनाया जा रहा है कि सन् सत्तावन के विद्रोह में दलित जन की भागीदारी न के बराबर थी, थी भी तो सामंतों के नौकर चाकर के रूप में। दलित समाज के बारे में लगभग एक मिथक के रूप में राज्यसत्ता एवं सत्ता केन्द्रित विकासपरक विमर्शों द्वारा यह स्थापित कर दिया गया है। दलित सदा से निरीह, निष्क्रिय, दमित एवं पैसिव समुदाय रहा है। अतः वह सन् सत्तावन के संग्राम में प्रभावी भूमिका कैसे निभा सकता था? यह ऐसी मान्यता है कि जिसे मानने के पहले हमें ऐतिहासिक पाठों का, तत्कालीन संस्मरणों, आर्काइवल स्रोतों, दलित द्वारा लिखे जा रहे अस्मितापरक इतिहास लेखन का पाठ एवं पुनर्पाठ का लेना चाहिए।

सन् सत्तावन के आस-पास दलित समाज एवं सहभागी आकांक्षा

सन् सत्तावन के आस-पास दलित समाज को पूरी तरह निष्क्रिय एवं निरीह मानना तथ्यों के आलोक में उचित नहीं प्रतीत होता। उनमें से अनेक उस वक्त भी नौकरी की आकांक्षा से जुड़कर गाँवों से बाहर जाने लगे थे। 1820 ई० में दास प्रथा समाप्ति कर दी गयी। अंग्रेज, डच, एवं अन्य

औपनिवेशिक शक्तियों को गन्ने, कोका एवं मसालों को प्लाण्टेशन्स के लिए मजदूरों की जरूरत हुई। इस जरूरत को पूरा करने के लिए एक नयी व्यवस्था 'शर्त बंदी' व्यवस्था (System of indentured labourers) की गयी। जिसके तहत पूर्वी उत्तर प्रदेश एवं बिहार से लगभग 1.2 मिलियन लोग कलकत्ता डिपो से जहाजों में भरकर सूरीनाम, मॉरीशस, फिजी इत्यादि देशों में ले जाये गये। सूरीनाम एवं नीदरलैड्स में अवस्थित अर्काइव्ज़ के आधार पर सूरीनामी हिन्दुस्तानियों का जो रजिस्टर बनाया गया, उससे जाहिर होता है कि चमार, दुसाध, कोरी, कहार आदि अनेक छोटी जातियों के लोग बड़ी संख्या में माइग्रेट कर सूरीनाम, ब्रिटिश, गुयाना इत्यादि में गये।[1] मॉरिशस, फिजी, त्रिनिदाद में भी बड़ी संख्या में 'नौकरी' की चाह में छोटी जातियों के लोग गये। यह प्रक्रिया 1833 में प्रारम्भ होकर 1916 तक चलती निष्क्रिय, गाँवों में सिमटे रहने वाले, दमन झेलते हुए मात्र मालिकों की भाषा बोलने वाला समुदाय न था। भारतीय सामंती समाज से निकलकर उनके बाहर जाने के पीछे नौकरी की चाह, गरीबी से मुक्ति के साथ-साथ हाइरेरिकल दमनकारी भारतीय व्यवस्था के विरुद्ध प्रतिरोध का भाव भी था।[2] इस कालखण्ड में दलित समाज का एक तबका सक्रिय था, अपने ऊपर होने वाले दमन के खिलाफ प्रतिरोध कर रहा था, सामंती बनिहारी एवं चाकरी के अतिरिक्त अनेक प्रकार की नौकरी की आकांक्षा एवं नये प्रतिष्ठापूर्ण अवसर की खोज की चाह उसमें पैदा हो रही थी। दलित समुदाय रिस्की एवं एडवेंचर्स समुदाय के रूप में भी उक्त उभरता दिखायी पड़ता है। कैरिबियन द्वीपों में गये अनेक हिन्दुस्तांनी अपने भारत के परिवारों को पैसा भेजा करते थे। पूरे कैरिबियन में एक मात्र आत्मकथा है मुंशी रहमान खान की 'जीवन प्रकाश' इससे कैरिबियन से भारत में अपने परिवारों को पैसा भेजने की प्रक्रिया का विस्तार से वर्णन करते हैं। इससे भी भारतीय समाज के निचले तबकों में सक्रियता आयी।

प्रसिद्ध डच इतिहासकार डर्क एच० कॉल्फ ने अपनी प्रसिद्ध पुस्तक 'नौकरी, सिपाही एवं राजपूत' में अपने गहन आर्काइव्ज़ आधारित शोध के माध्यम से यह बताने की कोशिश की है कि 1857 के पूर्व एवं उसके

---

1. मॉरिश हसन खान, इमिग्रण्ट्स इन सूरीनाम, 1876-1916 अमृत, देनहाग, 1998, एण्ड सण्डेच हीरा हिन्दुस्तानीज़।
2. सुसान लेजेन रिपोर्ट ऑन बिदेशिया माइग्रेशन, 2003 KIT नीदरलैण्ड।

आस-पास अनेक पिछड़ी एवं दलित जातियाँ राजपूतों की ही तरह अखाड़ों में कुश्ती इत्यादि के माध्यम से अपनी शारीरिक शक्ति को विकसित करते हुए युद्ध कलाएँ सिखाती हुई उस वक्त छोटे राजाओं, सामंतों, अंग्रेजी सेनाओं में बढ़ रही सैनिकों की जरूरत पूरी करने के लिए अपने को तैयार कर रही थी। वे लिखते हैं—

"वर्ष 1630 के आसपास पीटर मुंडे नामक यात्री ने आगरा से पटना तक की यात्रा की और उसने देखा कि ढेर सारे सैनिकों के कैंप के बगल में अखाड़े बने हुए हैं और उन अखाड़ों में कुश्ती व गतका खेला जा रहा था। इसके अतिरिक्त पूरे अवध व भोजपुरी क्षेत्र में अनेक अखाड़े एवं कुश्ती लड़ते हुए नीची, मध्य व ऊँची जातियों के लोग दिखायी पड़ रहे थे। ये लोग अपने को विभिन्न राजाओं, जमींदारों एवं दिल्ली के सुल्तान के यहाँ सिपाही एवं सैनिक की नौकरी के लिए तैयार कर रहे थे। 1814 के आसपास ब्रिटिश सेना में अनेक ऐसे भारतीय अधिकारी थे जिन्हें पहलवान साहब के नाम से जाना जाता था।"[1]

उस वक्त भारतीय समाज में जो लोग सिपाही व सैनिक बन रहे थे उसमें मात्र पूरबिया, उज्जैनिया व बुन्देला ही नहीं थे बल्कि उत्तर भारत की अनेक छोटी जातियाँ एवं अर्ध पशुचारक समुदाय भी शामिल थे। बहेलिया एक ऐसा ही समुदाय था जो चौदहवीं शताब्दी में दिल्ली के तुगलक के शासन काल में एक महत्त्वपूर्ण सैन्य समुदाय होकर उभरा था। गंगा के किनारे चुनार व बनारस के बीच में बहेलिया जाति को सेना में शामिल किया गया तथा उनमें से कई को सत्ताईस गाँवों की जागीर दी गयी। विलियम डर्क एच० काल्फ हमें सूचित करते हैं कि अकबर की सुरक्षा में जो गारद होती थी उसमें बहेलिया बड़ी संख्या में होते थे जिनके कमाण्डर को 'हजारी' नाम से जाना जाता था।[2]

1772 में ब्रिटिश सेना के सामने इनके समर्पण के बाद इनमें से कई ब्रिटिश सेना में भी शामिल हो गये। बहेलिया के साथ पासी जाति, जो उस समय उत्तर प्रदेश में 1.2 मिलियन के आसपास थी, ने अपनी पहचान एक दुस्साहसी, वीर एवं प्रभावशाली समुदाय के रूप में बना ली

---

1. डर्क एच० कॉल्फ, नौकरी राजपूत एवं सिपाही इथनो हिस्ट्री ऑफ लेबर मार्केट इन हिन्दुस्तान, 1450-1859, कैम्ब्रिज यूनिवर्सिटी प्रेस, पृ० 28-29।
2. वही, पृ० 117।

थी। दस्यु, ज़मींदारों, सामंतों के रक्षक एवं गोरे ईस्ट इडिया कम्पनी के कानून को चुनौती देती ये जातियाँ अपने को एक मजबूत सैन्य समूह के रूप में स्थापित कर चुकी थीं। स्लीमैन, जो 1857 के विद्रोह का इस क्षेत्र में दमन कर रहा था ऐसे चुनौतीपूर्ण पासी समूहों का वर्णन करता है तथा बताता है कि इनमें कईयों की अपनी खुद की सेना हो गयी थी व डकैती, हत्या तथा छोटे राजाओं के लिए युद्ध करके इनमें से अनेक ने काफी भूमि अर्जित कर ली थी। आल्हा-ऊदल लोक महाकाव्य में भी पासियों की चुनौती का वर्णन आता है।[1] 1678 में बुन्देलखण्ड में छत्रसाल की सेना में राजपूत, ब्राह्मणों एवं बनियों के साथ-साथ छीपी (Chiipi) (रंगरेज), छोटी मुस्लिम जातियाँ तथा अहीर बड़े पैमाने पर शामिल थे। इस प्रकार प्राक् आधुनिक भारतीय समाज में नौकरी खासकर 'सिपाही की नौकरी' एक गौरवमयी नौकरी की परम्परा के रूप में विद्यमान थी।[2]

क्षत्रियों की ही तरह 'वीरता' (Chivalry) एक जीवन गुण की तरह अनेक दलित जातियों यथा कोरी, पासी, दुसाध, मुसहर आदि में विकसित हो रहा था। दलित लोक कथाओं जिन्हें समय सीमा में तो नहीं बाँधा जा सकता, परन्तु अगर उन्हें देखा जाये तो उनमें चुहरमल, सहलेस (दुसाध), चमार, दीना-भद्री (मुसहर) आदि वीरों की लोककथाएँ मिलती हैं। अर्थात् वीरता की चाह एवं आकांक्षा कई दलित जातियों का सामूहिक मूल्य भी रहा है। ऐसे मूल्य की स्मृति में रह रही दलित जातियां सदैव मालिकों की मार ही सहती रही होंगी, सदैव हिंसा का शिकार रही होंगी, हमेशा दमित एवं निष्क्रिय रही होंगी, ऐसा मानने को मन नहीं करता। यह संभव है कि यह सच सम्पूर्ण दलित समाज का सच नहीं होगा परन्तु इनमें भी गतिशील, वीर एवं प्रतिरोधी जमात उस वक्त भी थी। यहाँ तथ्य स्पष्ट कर देने की जरूरत है कि 'नौकर', 'नौकरी' उस वक्त आज के अर्थों में नहीं थी, 'नौकर' होने की प्रवृत्ति लोकप्रिय हो चुकी थी और 'वेतनभोगी नौकर' होना प्रतिष्ठा की बात मानी जाती थी। 'नौकरी' बनिहारी से बाहर निकलने की चाह के रूप में भी देखा जा सकती है। नौकरी की बढ़ती चाह के कारण ही एवं उससे आने वाले संकट का अंदाज कर लगभग प्राक् आधुनिक काल में ग्रामीण समाज में—

---

1. वही, पृ० 119।
2. वही, पृ०151।

'उत्तम खेती, मध्यम बान
निरिवध चाकरी, भीख निदान'

जैसे मुहावरे बने होंगे।

1857 के आसपास दलित जातियों में शिक्षा की आकांक्षा भी दिखाई पड़ती है। विलियम ऐड्म्स ने 1837-38 में बिहार में शिक्षा की व्यवस्था (State of education in Bihar) का एक सर्वेक्षण किया। इस सर्वेक्षण के दौरान वह बताता है कि दक्षिणी बिहार में अनेक पर्सियन, अरबी माध्यम के विद्यालय चल रहे हैं जिनमें अनेक छात्र मध्य एवं निचली जातियों के हैं।[1] इस रिपोर्ट से यह भी जाहिर होता है कि अनेक वर्नाकुलर स्कूल जो इस काल खण्ड में दक्षिण बिहार में चल रहे थे। निम्न जातियों के छात्रों के साथ ही पिछड़ी एवं निचली जातियों के शिक्षक भी कार्य कर रहे थे।[2]

इसी कालखण्ड में उत्तर प्रदेश में कानपुर में 'फ्री स्कूल' चल रहे थे।, जिनमें सभी छात्र ऊंची जातियों के ही नहीं थे। इस प्रकार इस शिक्षा प्रक्रिया से गुजर रही दलित जातियों के छात्रों में उस समय जागरूकता भी आयी होगी, जागरूकता के कारण सन् सत्तावन के विद्रोह में उन दलित जातियों ने मात्र 'सामंतों का सेवक' बनकर ही भाग नहीं लिया होगा, बल्कि इस महान विप्लव से किसी न किसी रूप में जुड़ी रही होंगी।

अगर एक क्षण यह भी मान ले कि बंगाल आर्मी में ज्यादातर सिपाही ब्राह्मण एवं क्षत्रिय थे तो भी सेना में सिविल कार्यों से जुड़े यथा स्वीपर, ड्रमर (नगाड़ची), टेलर, हेल्पर, खानसामा, धोबी इत्यादि के रूप में अनेक दलित जातियां बगाल आर्मी का हिस्सा थीं। दलित आज जिस मातादीन भंगी को 1857 के विद्रोह का जनक मानते हैं, जिन्होंने मंगल पाण्डे को कारतूस में जानवर का ग्रीस लगे होने का रहस्य बताकर उत्तेजित किया था, वे बंगाल आर्मी में मेहतर का कार्य ही करते थे।[3]

---

1. Basu Amar Nath, Reports on the Education in Bengal 1835-38 by million Adams, University of Calcutta, p. 267 see Colonical context of Higher Education in India, Hetkar Jha, us. h.a.; 1985, New Delhi, p. 42
2. वही।
3. एस० राव सजीवन नाथ, 1857 की क्रान्ति का जनक नागवंशी भंगी मातादीन हेला, मिलन प्रकाशन, 1998 इलाहाबाद।

जू यालाण्ड ने कानपुर पर लिखी अपनी प्रसिद्ध शोध पुस्तक 'ट्रेडर्स एण्ड नवाब' में तत्कालीन अंग्रेजी सेना की संरचना के बारे में बताते हुए अनेक आर्काइवल प्रमाणों से तत्कालीन अंग्रेजी सेना में ड्रमर (नगाड़ची) की महत्त्वपूर्ण उपस्थिति एवं भूमिका के बारे में हमें बताया है।[1]

1857 के आस-पास दलितों में अनेकों के पास भूमि एवं जागीर थीं। अंग्रेजों ने पहले कानपुर में 'जुही छावनी' स्थापित की, वहाँ रानी कुंवरि की जमींदारी थी। यहाँ ज्यादातर अनुसूचित जाति एवं पिछड़ी जातियों की आबादी थी, इनके पास जमीनें थीं, गाँव की जागीर थी, पक्के मकान थे। सांवलदास कुरील का मंदिर आज भी जुही में अवस्थित है तथा ज्योरा के पास सांवल दास घाट है। सांवल दास कानपुर के रईस थे, चौदह घोड़ों की बग्घी पर चलते थे। उनके यहाँ अनेक कोठियाँ थीं जिनमें कई आज भी हैं।[2]

ऐसा ही एक और वृत्तान्त देखें—'1857 के रणभूमि के योद्धा जो नाना साहब के साथ लड़े व मारे गये वे ज्यादातर दलित जाति के लोग थे। हमारे पूर्वजों के पास इसी विठूर गाँव में 150 बीघे जमीन थी। 1311 फसली जिल्द बंदोबस्त में कलुआ बेटा रामदीन व सुखलाल बेटा रामदीन चमार का नाम है जो 1857 में बिठूर के काश्तकार थे।'[3]

विठूर में मल्लाह, लोध, गड़ेरिया, कुरमी, तेली, सुनार, नाई व तमोली, गोड़िया, गिरी, अहीर तथा चमार, धानुक, धोबी और भंगी जातियाँ रहती थीं। राज़स्व अभिलेखागार, कानपुर नगर में उपलब्ध 1311 फसली की जिल्द बंदोबस्त जो 1903 खतौनी है। 1857 से 46 वर्ष के बाद की खतौनी है, इसमें इन दलित जातियों के काश्तकारों, जमीनों का उल्लेख है।[4]

गदर 1857 का पुनर्पाठ : तत्कालीन वृत्तांतों में दलित उपस्थिति

'गदर 1857' मुइनुद्दीन हसन, जो गदर के समय पहाड़गंज दिल्ली थाने में दिल्ली बादशाह के कोतवाल थे, की संस्मरणात्मक पुस्तक है। इस

---

1. जू यालाण्ड, ट्रेडर्स एण्ड नवाब, पृष्ठ 262।
2. के० नाथ, 1857 ए दलित सेक्रिफाइस इन गदर, कानपुर, 2007 बौद्ध उपासक संघ साहित्य प्रकाशन, कानपुर, पृष्ठ 9।
3. वही, पृष्ठ 4।
4. 1311 फसली राजस्व अभिलेखागार, कानपुर नगर।

आन्दोलन में उन्होंने सर थोफिसिन जॉन मेटकाफ़ की जान बचायी थी। वे स्वयं गदर में अंग्रेजों के पक्षधर थे। मेटकाफ़ के आग्रह पर उन्होंने 'खदंगे गदर' गदर के दिनों का बयान लिखा। इस ग्रंथ में उन्होंने अंग्रेजों एवं एक कुलीन मुसलमान 'सिपाही पेशा रईस' के दृष्टिकोण से गदर का वृत्तान्त लिखा है। इसमें विद्रोहियों को नमक हराम, फसादी, बदमाश इत्यादि संबोधन दिया गया है। एवं अंग्रेजों के प्रति सहानुभूति का भाव है। किन्तु इन वृत्तान्तों का अगर पुनर्पाठ करें, एवं इन्हें 'बिटविन द लाइन्स' पढ़ें तो इसमें 1857 के संग्राम में दलित जातियों की सकर्मक उपस्थिति के प्रमाण मिलते हैं। हालाँकि इसमें दलितों के प्रति अनेक अपमानपूर्ण विशेषणों का व्यवहार किया गया है। किंतु इनसे यह तो जाहिर होता ही है कि इन जातियों की सक्रिय उपस्थिति 1857 के संग्राम में थी। कई जगह तो मुइनुद्दीन हसन अपने वृत्तान्त में विद्रोही सैनिकों के लिए 'चमार' शब्द एक गाली के रूप में इस्तेमाल करते हैं। वे लिखते हैं कि नवाब मिर्जा साहब ने वेतन के लिए धन इकट्ठा करने के लिए दबाव बना रहे सैनिकों से कहा—'अब तुम चमारों का यह स्तर कि हम पर धौंस जमाते हो।''[1] इस वृत्तान्त में वह कई बार निम्न जातियों को छोटी जाति कहकर उनके प्रति अपनी घृणा प्रकट करता है। किन्तु इस वृत्तान्त में वह इलाहाबाद या प्रयाग के उपद्रव का वर्णन करते हुए कहते हैं—

''मौलवी लियाकत अली नामक एक व्यक्ति छावनी की मस्जिद में रहता था। उसके बहुत से चेले थे। सैकड़ों व्यक्ति उसके श्रद्धालु थे। उसने एक हरा झण्डा बना उसे मुहम्मदी झण्डे का नाम दिया और अपनी सरदारी (इमामत) का दावा किया तथा सबको जेहाद के लिए प्रेरित करने लगा। वह स्वयंभू खलीफा हो गया। सहस्त्रों जुलाहे, भटियारे, कुंजड़े, तेली, नाई, कसांभी मुफ्तखोर, लुटेरे आकर एकत्रित होने लगे। अंग्रेज व सिख सिपाही किले में बंद हो गये। इलाहाबाद नगर व आसपास मौलवी का शासन हो गया।''[2]

इस वृत्तान्त से स्पष्ट होता है कि मौलवी लियाकत अली के साथ बड़ी संख्या में दलित जातियों के लोग इकट्ठा होकर अंग्रेजों का विरोध करने

---

1. मोइनुद्दीन हसन, गदर 1857 हिन्दी माध्यम कार्यान्वयन निदेशालय, दलित विश्वविद्यालय, 1999, दिल्ली पृष्ठ 41।
2. वही, पृष्ठ 101।

लगी। मुइनुद्दीन हसन आगे लिखता है—सुल्तान खुसरो बाग में मौलवी साहब ने अपनी कचहरी आरम्भ की प्रतिदिन प्रवचन देते थे और जुलाहे, कुंजड़े किला खाली कराने हेतु रोज आक्रमण करते थे।[1]

मुइनुद्दीन हसन लिखता है कि विद्रोही सेना के लोग इलाहाबाद खजाने से रुपया लेकर इधर-उधर चले गये। कोई घर गया, कोई लखनऊ गया, कोई दिल्ली गया। मौलवी साहब अब केवल कुंजड़ों, कसाइयों, जुलाहों और नाइयों आदि की सेना के खिलाफ रह गये। उनमें से प्रत्येक अपने को रुस्तम बता रहा था।[2] अगर हम हसन के बयान को उलटा कर पढ़ें तो लगता है कि इलाहाबाद में लियाकत अली के विद्रोह का मूलाधार दलित जनता विद्रोह सेना के प्रयाग से चले जाने के बाद भी 'रुस्तम' बन लड़ती रही।[3]

हसन अकबराबाद की घटना का उल्लेख करते हुए ऐसी सूचना देता है जिससे जाहिर होता है कि विद्रोही सेना में नीची जाति के लोग भी कमाण्डर जैसे पदों पर आसीन थे। हसन लिखते हैं—एक सूबेदार नीच जाति का, जो सेना का कमाण्डर था, उसने राजपूतों (अंग्रेज समर्थक) को गाली देकर शस्त्र रखने को कहा तो राजपूतों में से एक नवयुवक जिसका नाम पंनझी था, ने गाली सुनते ही सूबेदार को आकर ऐसी तलवार मारी कि उसका सिर कटकर गिर गया। इस पर सूबेदार के सिपाहियों ने एक साथ बंदूकों से फायर किया और चालीसों राजपूत एक साथ मारे गये।[4]

एक पाठ को अनेक तरह से पढ़ाया जा सकता है और अनेक तरह से अर्थ निकाले जा सकते हैं। जैसा कि मैंने पूर्व में ही बताया है कि हसन नीची जातियों को अत्यन्त हेय दृष्टि से देखा करता था। उसका यह दृष्टिकोण उसके वृत्तान्तों में अनेक जगह खुलकर दिखायी पड़ता है, परन्तु दूसरी तरफ उसके ये वृत्तान्त सन् सत्तावन के विद्रोह में दलित जातियों की सक्रिय उपस्थिति एवं भूमिका का भी बयान करता है। इसी तरह का एक वृत्तान्त प्रस्तुत है "बाँदा से नवाब अली बहादुर, झाँसी से लक्ष्मीबाई से मिलने कालपी पहुँचते हैं। तात्या टोपे एवं राव बांदारंग तो वहाँ पहले से

1. वही, पृष्ठ वही।
2. वही, पृष्ठ वही।
3 वही, पृष्ठ वही।
4. वही, पृष्ठ वही।

ही थे। सभी सरदारों ने मिलकर तय किया कि अंग्रेजों से लड़ने का सही स्थान कालपी नहीं है, अतः ग्वालियर की तरफ चला जाये। अत्यन्त विकट लड़ाई के बाद विद्रोही सरदारों ने ग्वालियर पर अधिकार कर लिया। ग्वालियर पर अधिकार के बाद राव साहब ने सेना में भर्ती आरम्भ की। प्रत्येक जाति के लोग बिना रोकटोक नौकर होने लगे। धुनिये, जुलाहे, तेली, तमोली, चमार सभी नयी भर्ती में सम्मिलित थे, उनकी पलटनें तैयार हुईं।"[1]

इस वृत्तान्त से जाहिर होता है कि संग्रामी सेना में निचली जातियाँ किस तरह बड़े पैमाने पर शामिल थी। सेना में नौकर होना आजकल के नौकर होने से भिन्न एक प्रतिष्ठापूर्ण एवं अच्छी सामाजिक पॉजिशन थी। मुइनुद्दीन हसन के आगे के वृत्तान्त में एक अंग्रेज परस्त मानसिकता वाले व्यक्ति विद्रोही सेना में शामिल निचली जातियों के प्रति हेय दृष्टिकोण उजागर होता है—

"तेइसवें दिन महाराज सिंधिया अंग्रेजी सेना की सहायता लेकर आ पहुँचे। वह नवभरती सेना जो नाकाबंदी पर नियुक्त थी, अंग्रेजी सेना को देखकर भागी। प्राचीन समय से ये बिना परिश्रम खाने वाले होते हैं। चमारों को भागने में क्या लाज है।"[2]

इस हेय दृष्टिकोण एवं अपमान के भाव से भरे होने के बावजूद मुइनुद्दीन हसन सन् सत्तावन के संग्राम में दलित उपस्थिति का बयान करता है। मुइनुद्दीन हसन का वृत्तान्त यह भी बताता है कि विभिन्न जातियों (क्षत्रियों एवं मुसलमानों में भी) अंग्रेज समर्थक भी थे एवं अंग्रेजों के प्रति विद्रोह रखने वाले थे। अतः कोई भी सामाजिक समूह होमोजेनियस रूप से एक पक्ष में खड़ा नहीं था।

दलित लोकस्मृति एवं सन् सत्तावन गंगू बाबा की कथा

मैंने अपनी पुस्तक 'विमेन हिरोज एण्ड दलित एसर्सन इन नॉर्थ इण्डिया (सेज, नयी दिल्ली, 2006) में विस्तार से दलित लोकस्मृति, लोकप्रिय साहित्य, दलित सामुदायिक इतिहास एवं दलित राजनीति में सन् सत्तावन के संग्राम के दलित नायक एवं नायिकाएँ झलकारी बाई, उदा देवी

---

1. वही, पृष्ठ वही।
2. वही, पृष्ठ 141

इत्यादि की चर्चा की है। इस पुस्तक में यह बताने की कोशिश की गयी है कि दलित किस प्रकार आज के नये सामाजिक एवं राजनीतिक संदर्भ में 'अपना इतिहास' रच अपनी अस्मिता एवं राजनीति को आकार दे रहे हैं। इन नायिकाओं के लोकवृत्तान्त में कथात्मकता, अतिशयोक्ति इत्यादि तो हो सकती है। किन्तु इनमें सच्चाई का अंश भी हो सकता है, यह मानने में हमें एतराज नहीं होना चाहिए। मुइनुद्दीन हसन के वृत्तान्त से हमारा यह विश्वास पुष्ट होता है। झलकारी बाई के सम्पूर्ण मिथक का आधार 'रानी की तरह दिखने वाली रानी की एक कोरी जाति की सहेली जिससे उन्हें अंग्रेजों के विरुद्ध संग्राम में कदम से कदम मिलाकर युद्ध किया' की कथावस्तु है। अब मुइनुद्दीन हसन का ग्वालियर एवं झाँसी में संग्राम का वृत्तान्त देखें---

इसके बाद रानी की सहेली एवं सहयोगिनी उस बालक को जिसे रानी ने गोद लिया था, लेकर रानी के पुराने सेवक कुतुबुद्दीन खाँ रिसालदार के साथ रातों रात बुंदेलखण्ड की ओर प्रस्थान कर गयी। सुना गया है कि अब वह बालक बुदेलखण्ड के किसी गाँव में रहता है और जवान हो गया है।[1] यह जानते हुए कि हमारे औपनिवेशिक आर्काइव की रचना बहुत कुछ औपनिवेशिक जरूरतों से निर्धारित हुई है, तत्कालीन वृत्तान्तों में निचली जातियों एवं उनकी पहचान का अंकन बहुत कुछ उस समय के स्मृतिकारों के निचले समुदायों के प्रति दृष्टिकोण से भी निर्धारित हुआ है, ऐसे वृत्तान्त सन् सत्तावन के विद्रोह में दलित इतिहास की खोज की यात्रा में अंधेरे में तिनके का सहारा हो सकते हैं। मातादीन भंगी जो दलितों के एक नायक के रूप में स्थापित होते जा रहे हैं के बैरकपुर के विद्रोह में भूमिका मात्र मिथक नहीं होकर सच भी है। क्योंकि इस विद्रोह में भाग लेने के कारण उन्हें सजा हुई थी। उनकी सजा की फाइल आर्काइव से खोजी जा सकती है।

यहाँ कानपुर एवं बिठूर के आस-पास दलित लोकस्मृति में सन् सत्तावन के एक ऐसे ही लोकनायक 'गंगू मेहतर' जिन्हें इस क्षेत्र के दलित समाज में गंगू बाबा के नाम से जाना जाता है, अंकित है। लोग कहते हैं कि गंगू बाबा भंगी जाति के थे, नाना साहब की सेना में नगाड़ची थे। वे अत्यंत बलिष्ठ देह वाले थे। वे पहलवान थे, नागा साधु थे। गंगू बाबा ने

---

1. वही, पृष्ठ 141।

अपने पहलवानों के साथ मिलकर सन् सत्तावन के विद्रोह में अंग्रेजों के खिलाफ भी युद्ध करते हुए सत्तीचौरा (कानपुर) के पास अनेक अंग्रेजों को मौत के घाट उतार दिया। सत्तावन के संग्राम के बाद अंग्रेजों ने उन्हें पकड़ कर फाँसी दे दी।[1] उनकी मृत्यु के बाद कानपुर में छावनी के पास जहाँ उनकी मृत्यु हुई थी, वहाँ के नाले पार अंग्रेज जब पुल बनाने लगे तो रात में गंगू बाबा की आत्मा आकर जितना पुल बना होता उसे तोड़ देती। अंग्रेजों ने सोचा सन् सत्तावन में 'हमारी विजय होने के बाद भी यहाँ कौन विद्रोही वीर है जो हमारे पुल तोड़े दे रहा है। एक दिन गंगू बाबा ने उस अंग्रेज मिलिट्री के इंजीनियर को सपना दिया कि हमारा चबूतरा बनाओ, पूजा दो, तभी तुम यहाँ पुल बना सकते हो। अंग्रेजों ने छावनी के नाले के पास उनका एक चबूतरा बनाया वहाँ आज भी चबूतरा बना हुआ है। गंगू बाबा का मेला लगता है।[2] सुदर्शन नगर निवासी बाबूलाल, मोहनलाल बताते हैं कि गंगू बाबा के शहीद स्थल चुन्नीगंज में सवा सौ साल पहले चबूतरे की शक्ल में चौरा बना जहाँ लोग पूजा-पाठ करने आते थे। कोई भी कार्य शुरू करने से पहले यहाँ आकर मत्था टेकते व फूल चढ़ा जाते थे। मन्नते माँगते और पूर्ण होने पर शिद्दत के साथ आकर घंटी बाँधते व सिंदूर चढ़ाते थे। धीरे-धीरे लोगों का विश्वास बढ़ता गया और यहाँ मेला लगने लगा। मोहन लाल व बाबू लाल बताते हैं कि मेला भी सौ सवा सौ साल पहले से लग रहा है। इसी स्थल पर 3 नवम्बर 1972 को गंगू बाबा की मूर्ति स्थानीय बस्ती के लोगों के सहयोग से लगायी गयी जहाँ रोज जलती हैं अंगरबत्तियाँ और चढ़ते हैं उन पर फूल एवं मालाएँ, नमंन होती है श्रद्धा, इस क्रान्तिकारी वीर के चरणों पर। यह मेला कानपुर में भंगी बस्ती के पास लगता है।[3]

गंगू बाबा के बारे में यह लोक स्मृति दलित इतिहास का विषय बन गया है। दलितों का पढ़ा-लिखा तबका गंगू बाबा की इस लोक स्मृति को व्यवस्थित एवं सुसंगत वृत्तान्त का रूप देकर बयान करता है—

नाना साहब के जिस समय बिठूर की कमान हाथों में संभाली थी उस समय उनके अंगरक्षकों में गंगादीन उर्फ गंगू पहलवान का नाम प्रमुख है।

---

1. बृजेन्द्र गौतम एवं निवेदिता सिंह, फील्ड रिपोर्ट डायरी, 25 अगस्त, 2007 को हुई बातचीत कानपुर।
2. वही, जून 2007।
3. बाबू लाल का साक्षात्कार, 26 अगस्त 2007, कानपुर।

वे उनकी सेना मे नगाड़ची के पद पर थे। राजाओं की फौज में रणभेरी और नगाड़े दोनों ही बजाये जाते थे। जिस समय फौज को युद्ध के लिए तैयार किया जाता था तो सबसे पहले नगाड़ची नगाड़ा बजाता था। बाद में अंग्रेजों के भारत आने पर ब्रास बैण्ड बजने लगा था। जिसे मिलेटरी बैंड कहते थे। लेकिन युद्ध के समय यह लोग दुश्मनों से लोहा भी लेते थे।

भंगी जातियाँ फौज में बैण्ड बजाती थीं। यह काम प्राचीन काल से भंगी जातियाँ करती चली आ रही हैं। खाना बनाना इनका विशेष पेशा रहा है। फौज में रणभेरी या नगाड़ा बजाने का काम भंगी जातियाँ करती थीं।

गंगादीन उर्फ गंगू पहलवान का 6 फिट लम्बा कद और चौड़ा सीना तथा लंबी बाहें थी। उनका रंग गोरा था। उनके पूर्वज अकबरपुर गाँव जिला कानपुर देहात के रहने वाले थे। 1857 में इस गाँव की जनसंख्या 5485 थी। किन्तु आगे चलकर 4646 रह गयी थी। जनसंख्या में लगभग दो तिहाई हिन्दू तथा एक तिहाई मुसलमान थे। इसका प्राचीन नाम गुरईखेरा था। इस गाँव में शुक्ला ब्राह्मण का आतंक था क्योंकि अल्मास अली खाँ जो सूबेदार था उनके यहाँ चकलेदार थे। चकलेदार एक क्षेत्राधिकारी का पद होता था जो लगान वसूल करके अवध के नवाबों को देता था। किसानों की फसल कटवा ली जाती थी। उन्हें डेवढ़ेपर बीज दिया जाता था जो खलिहान से जमींदार या आमिल उठा लिया करते थे।

अछूत जातियाँ ज्यादा परेशान रहती थीं एक तो उनके पास खेत नहीं होते थे दूसरे उनसे बेगार ली जाती थी। इससे भयभीत होकर माफीनामा लिख देते थे या गाँव छोड़कर भाग जाते थे। भंगी जातियों ने ज्यादातर शहरों की तरफ पलायन किया।

सन् 1800 के लगभग कलूट का परिवार अकबरपुर में रहता था। अकबरपुर वर्तमान समय में कानपुर देहात में है तथा इनके वंशज अब भी वहीं रहते थे। कलूट के तीन लड़के थे। बख्तावर, सहमी और मैकू। बख्तावर पहलवान थे उन्हें पहलवानी का शौक था। बख्तावर की पत्नी का नाम बुधिया था।

बाजीराव द्वितीय के निधन के बाद नाना साहब ने अपनी फौज का विस्तार किया। सुसंगठित तरीके में एक कुशल सेनापति की तरह सेना का गठन किया। जिसमें पिछड़ी एवं दलित जातियाँ भी उसी काल उनकी फौज में सैनिक के पद पर ली गयीं।

जिस समय सेना की परेड होती थी गंगू नगाड़ा बजाता। फौजें लश्कर से निकलकर ग्राउण्ड में आ जातीं। गंगू खुद भी फौजी थे। युद्ध के सारे अभ्यास सबके साथ सीखते थे। बाद में उनकी प्रोन्नति करके सूबेदार बना दिया गया था। गंगादीन सूबेदार नाना के वफादार लोगों में थे जिन्होंने अंग्रजों से जम कर लोहा लिया था।

8 अप्रैल 1857 को जब मातादीन भंगी को गोली मारी गयी थी और यह खबर नाना के महल से गंगू के कानों में पड़ी थी तो गंगू ने एक अंग्रेज अफसर जो सवेरे गंगा के किनारे टहलने जा रहा था उसे मारने का प्लान बना लिया था। वह वाल्मीक आश्रम से आगे बढ़ रहा था और गंगू पीछे-पीछे था।

कंधे पर लट्ठ रखे गंगू दबे पाँव अंग्रेज के पीछे था। नागा संस्कृति अपनाने के कारण उनकी पोशाक नागा साधुओं जैसी थी। सिर पर पगड़ी और फीतेदार बंडी तथा गेरुआ लुंगी बाँधते थे। कबीर पंथी होने के कारण उन्होंने हत्या करना उचित नहीं समझा। आज भी बिठूर में कबीर बाड़ी है।

उस दिन गंगू क्रोध में थे। उनके शिष्य सभी जातियों के थे। ज्यादातर सत्तीचौरा, जाजमऊ, कुरसवाँ, पटकापुर के लड़के थे जो पहलवानी करते और चिलम का दम लगाते। गंगू को देखते ही उनके शिष्यों ने उनके पैर छुए और कहा कि गुरु जी आज दुखी दिख रहे हैं।

गंगू पहलवान के अखाड़े में इन दिनों क्रान्तिकारियों का जमघट लगना शुरू हो गया था। उनके अखाड़े के निकट ही तोपखाना था तथा छावनी क्षेत्र में ही अंग्रेजों की छावनियाँ थी। लालकुर्ती इलाके में अंग्रेजों ने नयी बैरकें बनवायी थी। अखाड़े से कुछ दूरी पर सत्तीचौरा गाँव था। मल्लाहों की बस्ती थी। ज्यादातर मल्लाह नवयुवक अखाड़े में आते थे।

हरदेव मल्लाह के शिव मंदिर पर भी इन दिनों क्रान्तिकारियों का जमघट लगा रहता था। अंग्रेज कलकत्ता की ओर से प्रयाग होते हुए कानपुर व फतेहगढ़ जाया करते थे। सत्तीचौरा घाट पर भी अंग्रेज उतर कर छावनियों में जाते थे। गंगू बाबा के नेतृत्त्व में अच्छी खासी टीम तैयार हो गयी थी।

उनके अखाड़े में इन दिनों क्रान्तिकारियों का मेला लगा रहा रहता था। उधर शहर के व्यापारी और गाँव में जमींदार या राजा कंपनी के घोषणा पत्र से दुविधा में थे। यदि खुलकर क्रान्तिकारियों का साथ देंगे तो जागीरों और

रियासतें चली जायेंगी। लेकिन जो किसान थे या खेतिहर मजदूर थे वे अंग्रेजों के खिलाफ थे क्योंकि किसान साल भर अनाज घर में रख नहीं पाता था और जब किसान के पास अनाज नहीं होगा तो खेतिहर मजदूरों को कहाँ से देंगे।

इधर पिछड़ी जातियों और दलित जातियों से अंग्रेज बेगार लेते थे। उनसे अपना सामान बगैर कुछ देकर ढुलवाते थे, घोड़े की मालिश कराते थे।

गंगू बाबा ने सत्तीचौरा काण्ड में अहम भूमिका निभायी। उनके लोग तलवारे मुँह में दबाकर गंगा में कूदे और 40 नावों में सवार सभी यूरोपियन परिवारों को खत्म कर दिया। कानपुर में इतिहासकारों ने अज्ञात बिगुल बजाने वाला तथा दर्शक भीड़ द्वारा काटे जाने का उल्लेख किया है जो गलत है। एक योजनाबद्ध तरह से सत्तीचौरा काण्ड हुआ था।[1]

इधर गंगू पहलवान उस दिन सत्तीचौरा वाले अखाड़े में थे। एक टुकड़ी तलाशती हुई उनके अखाड़े पहुँची। घोड़े पर सवार हो गंगादीन सूबेदार उर्फ गंगू बाबा सत्तीचौरा के अखाड़े पर ही अपने पहलवान साथियों सहित अंग्रेजी सेना से भिड़ गये। सेना का नेतृत्त्व हैवलाक कर रहा था। गंगू बाबा ने ललकारते हुए कहा कि हम कोई राजा महाराजा नहीं हैं जो डरकर किला छोड़कर भाग जायें। हम इस बिठूर के मूल निवासी हैं। यह धरती मेरी है। पेशवा पूना से आये थे लेकिन हम लोग यहीं के रहने वाले हैं। बिठूर हमारे पूर्वजों का है। उसकी गंध में हमारे पूर्वजों के बलिदान की सुगंध है। हम मरते दम तक अंग्रेजों से लड़ते रहेंगे।

सिपाही गंगू पर फायरिंग कर रहे थे। गंगू कमर में लटक रही म्यान से तलवार निकालकर हैवलाक पर टूट पड़े। जैसे बाज चिड़ियों पर झपट मारता है। हैवलाक के होश उड़ गये। एक बार उसे लगा कि गंगू की तलवार उसकी गर्दन पर पड़ने वाली है तब तक सिपाहियों ने गंगू पर फायर झोंक दिया। उस दिन गंगू अभिमन्यु की तरह घिरे थे।

वह लड़ते हुए रक्त रंजित हो सूबेदार का तालाब चुन्नीगंज की ओर बढ़ रहे थे। वे अकेले पड़ गये थे और घोड़े से गिर गये। अंग्रेज उन्हें घसीटते हुए भारतीय विद्रोहियों के लिए अस्थाई बनायी गयी जेल में ले गये, और

---

1. वही।

खून से लथपथ वीर गंगू मेहतर को सलाखों में बंद कर दिया।

5 जून 1858 को भोर में कुछ सिपाही आये और मुँह पर काला कपड़ा बाँधकर अंग्रेज सिविल सर्जन जॉन निकोलस ट्रेसीडर के सामने ले गये। उसने कैदी गंगू को कुर्सी पर बिठाया। डॉक्टरी जाँच की और उसकी फोटो खींची। फिर काला चोंगा पहनाया है। वहीं नीम के पेड़ पर लटकाकर फाँसी दे दी। 5 जून 1858 के दिन वह अंग्रेजों के क्रूर हाथों से मारे गये। पहले नीम से रस्सी लटकायी गयी फिर गंगू की गर्दन बाँधी गयी दूसरी रस्सी घोड़े की जीन से। घोड़े की लगाम कसी और प्राण-पखेरू उड़ गये। उनके परिवार वालों को जब पता चला तो अमर शहीद की लाश लेकर अखाड़े में ही दफना दी ताकि आने वाली पीढ़ी उन्हें नमन करती रहे।[1]

गंगू बाबा : मिथक एवं सच्चाई

गंगू बाबा के बारे में दिये गये इस वृत्तान्त में कथात्मकता, नाटकीयता, अतिशयोक्ति एवं भाव प्रवीणता का पुट हो सकता है, किंतु गंगू बाबा का वृत्तान्त पूर्णतः निराधार हो, या मात्र मिथक हो, ऐसा मानना मुश्किल है। इसके कारण हैं—

अल्का जी के संग्रह से गंगू मेहतर का एक फोटोग्राफ्स प्राप्त हुआ है जो एक अंग्रेज डॉक्टर जॉन निकोल्स ट्रेसीडर ने उनके फाँसी लगाने के पूर्व खींचा था। इस तस्वीर को उद्भावना नयी दिल्ली नामक साहित्यिक पत्रिका ने अपने सन् सत्तावन पर केन्द्रित विशेषांक में प्रकाशित कर एक महत्त्वपूर्ण काम किया है।[2]

2. गंगू मेहतर के वंश के लोग आज भी कानपुर में निवास करते हैं। बाबू लाल दिल्ली वाले पुत्र भूरे लाल निवासी 96/1 सुदर्शन नगर, कानपुर बताते हैं—

मेरे पूर्व कस्बा अकबरपुर जिला कानपुर देहात के रहने वाले थे। 1857 के क्रान्तिकारी गंगू बाबा हमारे पूर्वज थे। उनके पिता का नाम

---

1. वही, पृष्ठ 36-38
2. के० नाथ, 1857—दलित सेक्रिफाइस-इन-गदर, कानपुर, 2007, बौद्ध उपासक संघ साहित्य प्रकाशन, पृष्ठ 16; एवं उद्भावना, अंक 75, अप्रैल-जून 2007, 1857 विशेषांक, नयी दिल्ली, बैक कवर पर प्रकाशित गंगू मेहतर का फोटो।

बख्तावर व माता का नाम बुधिया था। अकबरपुर गाँव छोड़कर कानपुर आ गये थे। उन्हीं के संग मेरे पूर्वज भी सूदेबदार का तालाब चुन्नीगंज में आकर बस गये थे। हमारे परिवार की वंशावली में उनका नाम है—

बाबू लाल बताते हैं कि उनके दादा व पिता भूरे लाल ने उन्हें बताया था कि बाबा (गंगू बाबा) नाना साहब की फौज में नगाड़ा बजाते थे। वे बहुत बहादुर थे, इसलिए नाना साहब ने उन्हें सूबेदार बना दिया था।[1]

3. गंगू मेहतर नागा संन्यासी हो गये थे, इसीलिए उन्हें गंगू गिरि भी कहते थे। बनारस के जूना अखाड़े के रजिस्टर में कानपुर के गंगू गिरि नामक नागा संत का नाम दर्ज है। सत्तीचौरा के पास गंगू बाबा की समाधि के पास इन्हीं गंगू गिरि का मेला लगता है।[2]

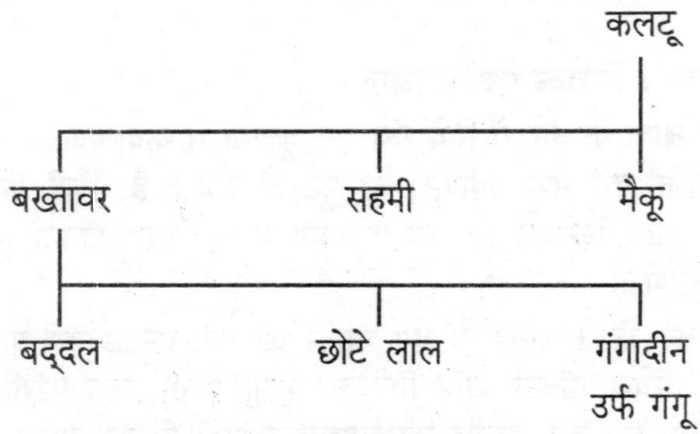

इस प्रकार लोकसंस्कृति में सन सत्तावन से सम्बन्धित लोक मिथकों में सच का आधार भी होता है। अतः उन्हें मात्र मिथक कहना उचित नहीं प्रतीत होता। दूसरे, दलित समाज का भारतीय समाज एवं राष्ट्र के निर्माण में भूमिका का इतिहास जो विलुप्त-सा है, को खोजने में लोक संस्कृति के स्रोतों की महत्त्वपूर्ण भूमिका स्वीकार की जानी चाहिए।

●●●

---

1. वही, पृष्ठ 50।
2. वही, पृष्ठ 36-38।